Bernhard Gerl
Der obdachlose Retter

Bernhard Gerl

DER OBDACHLOSE RETTER

24 überraschende
Adventskalendergeschichten

adeo

INHALT

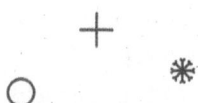

Für Margarita, Margarita und Helena

VORWORT

Die Vorweihnachtszeit ist jedes Jahr wieder eine ganz besondere Zeit. Die Tage werden kürzer und kälter, Dekorationen und Kerzenlicht geben dem gewohnten Zuhause einen neuen Anstrich. Es ist die Zeit, zur Ruhe zu kommen. Sich zwischen all der Hektik aus Geschenkeinkäufen und Weihnachtsfeiern mit einer Tasse Tee in den Sessel zu setzen, vielleicht die Füße am Kamin zu wärmen und einfach mal daran zu denken, warum wir Weihnachten feiern und warum wir uns so sehr darauf freuen.

24 Geschichten, eine für jeden Tag des Advents, atmen den Geist der Weihnacht. Jedes Lesekalendertürchen birgt eine besondere Geschichte, auf die es sich einzulassen lohnt. Mal wird es humorvoll, mal provokant, mal nachdenklich. Zum Selbstlesen oder Vorlesen. Ein Drittel der Geschichten spielen zur Zeit Jesu Geburt, die anderen im Heute. Immer finden Menschen einen neuen Zugang zu Gott und ihrem Nächsten oder bekommen einen kleinen Schubs, der sie wieder auf den wesentlichen Weg bringt. Es warten auf Sie viele Überraschungen und auch das eine oder andere Schmunzeln.

Ich wünsche Ihnen viel Freude beim Lesen und eine schöne Adventszeit.

DAS KANN DER HERR DOCH NICHT ERNST MEINEN!

Siehe, ich bin die Magd des Herrn. (Lukas 1,38)

Der Erzengel Gabriel fühlte die Abendbrise in seinen gleißend weißen Flügeln. Er liebte es, die Schöpfung körperlich zu spüren, genoss den Geruch der Fladenbrote, die Anna für das Abendessen gebacken hatte. In der Ferne hörte er eine Mutter, die ihre Kinder schimpfte, weil sie keinen Überwurf trugen. Obwohl das Ende des jüdischen Monats Adar nahte, war es kühl. Gabriel schaute durch die Wand des stattlichen Gebäudes, das sich der reiche Joachim von seinem zukünftigen Schwiegersohn hatte erbauen lassen. Maria saß an einem Spinnrad in ihrem geräumigen Zimmer. In einem Wandschrank entdeckte der Engel mehrere Schriftrollen. Warum die beiden Alten dem Mädchen erlaubt hatten, lesen zu lernen, begriff er nicht. Nun gut, der HERR hatte ihm verraten, dass Frauen in zweitausend Jahren die gleichen Rechte haben werden wie Männer, selbst eigenen Besitz, und weitere fünfhundert Jahre später werden sie überdies zum gleichberechtigten Tempeldienst zugelassen. Aber warum eine Sechzehnjährige im Jahr 3760 nach der Schöpfung las, blieb ihm unverständlich. Immerhin war sie ein gescheites Mädchen, und das konnte ja für die Mutter des Gottessohnes von Vorteil sein.

Es wurde für Gabriel Zeit, in den Raum zu treten. Wie sollte er sie ansprechen? Einfach mit „Sei gegrüßt!". Oder besser mit „Der Friede sei mit dir!". Vielleicht sogar mit „Der HERR sei mit dir!". Oder noch treffender alles zusammen? Da ertönte im Inneren des Gebäudes Annas Stimme. Sie rief nach ihrer Tochter. Maria stand rasch auf, und wenig später trat sie mit einem Krug auf den Hüften aus dem Haus und eilte zum Brunnen im Hof. Gabriel sah sie nun zum ersten Mal ohne Hindernis. Sie war ein hinreißender Anblick. Bei den Griechen hätten Bildhauer Idole nach ihrem Vorbild geschaffen. In der Verehrung des einen HERRN hatten solche Abbilder selbstverständlich keinen Platz mehr auf Erden.

Während Maria den Krug mit Wasser füllte, wurde es dem Engel klar: Er würde sie mit „Sei gegrüßt, du Begnadete! Der Herr sei mit dir, du Gepriesene unter den Frauen!" ansprechen. Er murmelte es tonlos vor sich hin. Da drehte sich das Mädchen erschrocken um und starrte in seine Richtung. Seltsam, sie konnte ihn doch gar nicht wahrnehmen, denn er hatte sich noch nicht offenbart. Verwirrt nahm Maria den Krug wieder auf und lief ins Haus zurück.

Wenig später saß sie erneut an ihrem Spinnrad. Sie spann scharlachrote Wolle für den neuen Vorhang im Tempel. Immer noch wirkte sie verstört. Gabriel sah ein, dass er nicht zu imposant auftreten durfte, um sie nicht weiter einzuschüchtern. Vielleicht sollte er auf die eindrucksvollen Flügel verzichten, sie gar ganz weglassen. Es würde reichen, wenn er weiß gekleidet war und ein ṭĕp̄aḥ über dem Boden schwebte.

Er hatte sich eben in Richtung Wand gedreht, um durchzugehen, da öffnete sich die Tür zu Marias Zimmer und Joachim trat herein. Die Augen des Vaters strahlten, als er seine Tochter sah. Zwanzig Jahre lang hatte er warten müssen, bis ihm seine Ehefrau Anna ein Kind gebar. Die anderen Juden hatten ihm den Rücken gekehrt, die Priester seine Opfer abgelehnt, weil nicht zu übersehen sei, dass der HERR sich von ihm abgewandt habe. Die Geburt der kleinen unschuldigen Maria hatte alles verändert. Er war wieder der angesehene Mann, der er angesichts seines Viehreichtums sein sollte.

Anna hatte die Idee, das Kind dem HERRN zu weihen. Joachim war das anfangs ganz und gar nicht recht. Sich von dem Kindchen trennen? Das konnte er sich nicht vorstellen, und doch hatte er nachgegeben. Von ihrem dritten bis zum zwölften Lebensjahr lebte sie im Tempel, um Gott zu dienen, dann war sie zurückgekommen und bald danach dem Josef versprochen worden.

Was wird der Vater sagen, wenn er erfährt, dass sein Augenstern schwanger ist und – viel mehr noch – dass das Kind nicht von ihrem Verlobten ist? Wird er glauben, dass es der Sohn Gottes ist? Gabriel konnte sich das kaum vorstellen. Anna und Joachim werden zerbrechen daran. Die Liebe zu ihrer Tochter wird auf eine schwere Prüfung gestellt, vermutlich müssen sie das Mädchen verstoßen, damit die Juden von Nazareth sie nicht wieder aus der Gemeinschaft ausstoßen. Ein hartes Los für Maria und ihre Eltern.

Der Engel entfernte sich vom Haus und setzte sich an den Rand des Brunnens. Die Vertrautheit zwischen Vater und Tochter schmerzte ihn, da er wusste, dass sie nicht halten würde. Es brach Gabriel das Herz. Gab es einen Ausweg? Konnte er es ändern? Erwartete der HERR, dass er eingriff, oder ging es ihm nur darum, dass sein Wille geschehe?

Der Horizont färbte sich bereits rot, als der Gottesbote zur Hauswand zurückkehrte. Maria war wieder allein. Sie hielt eine Schriftrolle in den Händen und las darin. Sie hatte eine Stelle des Propheten Jeremia aufgerollt. Das musste Gabriel nicht sehen, er wusste es. Jeremia war Marias Lieblingsprophet. Sie war immer optimistisch. Es werde schon gut gehen. Der HERR werde mit ihr sein. Sei es drum, nun war die Zeit gekommen, zu ihr zu treten. Sollte er wirklich wie anfangs geplant durch die Mauer schweben? Natürlich würde dadurch seine Mission glaubwürdiger erscheinen. Oder war es besser, die Tür zu nehmen? Damit würde er sie am wenigsten erschrecken. Die beiden Alten würden ihn nicht bemerken, wenn er nicht wollte. Er könnte auch durch das Fenster steigen. Nein, das erschien ihm lächerlich. Es war egal, sein ursprünglicher Plan war in Ordnung. Er würde sich einfach vor ihr zeigen, wozu eine Tür?

Doch so weit kam es nicht, denn es klopfte. Noch bevor Maria „Herein" sagte, ließ ein Lächeln ihr Gesicht erstrahlen. Es war Josef. Der alte Mann war seit vier Jahren mit ihr verlobt. Der Witwer hatte keinen Grund zur Eile. Seine erste Ehe war glücklich und erfüllt gewesen. Er hatte zwei erwachsene Söhne, die seine Werkstatt übernehmen konnten. Und eigentlich fühlte er sich zu alt für das Mädchen. Die Aussicht, sie als Ehefrau zu sich zu nehmen, ängstigte ihn, andererseits spürte er, dass er sich jünger erlebte, sobald er bei ihr war. Maria schien sein Alter nicht zu stören. Er gefiel ihr. Sie liebte seine Sanftmut und war erleichtert, dass ihre Eltern mit ihm einen Sohn gewannen. Er würde später für sie sorgen, und ihm konnten sie ihr Vermögen hinterlassen – wenngleich Josef mit Tieren nichts anzufangen wusste.

Gabriel fragte sich, ob wohl der Sohn des HERRN, Jesus sollte er heißen, gut mit Schafen würde umgehen können. Doch entscheidender war die Frage, was mit der Liebe zwischen diesen beiden Menschen geschah, wenn Maria schwanger wurde.

Für Josef würde es unmöglich sein, sie zu heiraten, so weit konnten seine Sanftmut und Geduld nicht reichen. Er würde sich genarrt vorkommen, annehmen, dass sich das junge Ding mit ihresgleichen vergnügt hatte. Er würde die Verlobung lösen. Es führte kein Weg daran vorbei. Und Maria, verstoßen von Eltern und Verlobtem, würde nichts anderes bleiben, als vor den Toren Jerusalems zu arbeiten, oder besser gleich in einem Tempel Babylons. War das der Ort, an dem der Sohn des HERRN aufwachsen sollte?

Gabriel wandte sich ab. Ohne dass er es gespürt hatte, waren die mächtigen Flügel wieder auf seinem Rücken erschienen. Er wollte Maria diese Botschaft nicht überbringen. Er musste unbedingt noch einmal mit dem HERRN sprechen. Das konnte doch nicht sein Ernst sein!

DER GERUCH VON HILFSBEREITSCHAFT

Bahnt den Weg des Herrn, ebnet in der Steppe eine Straße.
(Jesaja 40,3)

Das Taxi strömte einen Duft nach orientalischen Gewürzen aus. Gerhard Ludger fand das nicht unangenehm. Er war der Auffassung, Gerüche verrieten Wesentliches über Menschen – und die kulinarische Vielfalt, die Leute wie dieser Taxifahrer nach Deutschland brachten, war nicht zu verachten. Der Fahrer bremste etwas zu zackig vor dem fünfstöckigen Wohnblock, in dem der Achtundsiebzigjährige seit mehr als vierzig Jahren lebte. Herr Ludger sah über diesen lässlichen Fehltritt hinweg, denn der Orientale war überaus hilfsbereit. Bevor er sich versah, hatte der Kerl seinen Koffer vor die Haustür getragen und den brandneuen Rollator – ein stabiles Kassenmodell – aus dem Kofferraum geholt.

Inzwischen hatte Gerhard Ludger seinen eigenen etwas steifen Körper aus dem Wagen geschält. Er war ausgezeichnet gelaunt. Nach drei Wochen Klinik und zwei Monaten Reha war er endlich daheim. Sein Hausarzt, Dr. Martel, hatte das Einsetzen eines neuen Hüftgelenks unproblematischer geschildert, als es tatsächlich war. Es hatte lange gedauert, bis er wieder selbstständig laufen konnte. Bücken war nach wie vor schwierig und Treppensteigen würde weitere zwei oder drei Wochen dauern. Aber: Er wohnte im Erdgeschoss! Schon damals, als er und seine inzwischen verstorbene Emma die Wohnung gekauft hatten, war ihm klar gewesen, dass in einem Haus ohne Fahrstuhl nur eine Erdgeschosswohnung infrage kam. Man wird nicht jünger.

Das Taxi brauste davon und Gerhard Ludger schob langsam seinen Rollator auf die etwa zwanzig Meter entfernte Haustür zu. Die erst vor fünf Jahren gepflanzten Kiefern neben dem Weg verströmten einen kaum wahrnehmbaren Duft nach Menthol und Kräutern. Daheim!

Plötzlich öffnete sich die Tür seines Wohnblocks. Der bullige Kerl, der aus dem Haus kam, hätte zu einem schlechteren Zeitpunkt Gerhard Ludgers Laune vermiest. Der Bursche gab sich als Mitglied eines Wanderzirkus aus und bat alle paar Monate um Spenden. Wahrscheinlich ein Bulgare oder Rumäne. Das mit dem Zirkus war eine Lüge. Frau Reiner aus dem dritten Stock meinte, er spioniere, um herauszufinden, wo er einbrechen könnte. Das glaubte Ludger nicht. Rassismus lag ihm fern. Ein Wohnsitzloser eben, der trank, nach Alkohol stank wie alle Osteuropäer und bettelte, weil es bequemer war als arbeiten. Ludger hatte im Focus gelesen, dass man Bettlern nichts geben solle und daran hielt er sich. Punkt! Der Rumäne interpretierte seinen abschätzigen Blick richtig und stampfte mit gesenktem Kopf zum nächsten Hauseingang der Wohnanlage, wo er beliebige Klingeln drückte.

Ludger blieb kurz stehen und holte den Haustürschlüssel aus der Tasche seines grauen Jacketts, dann schob er sich weiter. Sein Koffer stand ordentlich auf der obersten der zwei Stufen vor der Haustür.

Treppenstufen?

Natürlich! Die beiden unmittelbar vor dem Eingang hatte er vergessen. Sie waren ihm nie als Hindernis erschienen. Sicher waren sie sogar mit seiner körperlichen Behinderung zu bewältigen, wenn er geschickt vorging. Sein Rollator war zu groß, um auf der obersten Stufe Platz zu finden. Vor allem, da er selbst dort stehen musste, um die Tür zu öffnen. Er war also genötigt, es ohne ihn nach oben zu schaffen, und ihn dann zu sich zu holen, sobald er aufgesperrt hatte.

Bevor er einen Plan fassen konnte, öffnete sich die Tür wieder von innen. Frau Wagner kam mit ihrer kleinen Charlotte heraus. Das Mädchen stürmte sofort auf ihn zu.

„Herr Ludger, Herr Ludger. Ich habe jetzt ein Kaninchen. Ein schwarzes, ganz weich und niedlich. Papa hat einen Stall auf den Balkon gestellt, und ich kann das Kaninchen streicheln, wann immer ich will. Und hier auf dem Rasen wächst Löwenzahn, den frisst das Kaninchen. Wollen Sie es sehen?"

Der alte Mann befürchtete, dass dieses Tier sicherlich stinken musste, doch er blieb freundlich.

„Ja, natürlich, Charlotte. Du kannst jederzeit damit vorbeikommen."

„Ach Charlotte! Herr Ludger hat bestimmt Wichtigeres zu tun", bremste Frau Wagner ihre Tochter. „Schön, dass Sie wieder da sind."

„Gerade zurückgekommen."

„Geht es Ihnen gut? Charlotte ist ganz verrückt, wegen des Kaninchens. So ein Haustier ist pädagogisch wertvoll. Da lernen die Kleinen, Verantwortung zu übernehmen. Das mit dem Stallausmisten klappt leider bisher nicht. Aber wir müssen los. Sie hat um zwei Fußballtraining."

Ohne sich noch einmal nach ihm umzusehen, eilte sie mit ihrem Kind davon. Zurück blieb eine Duftwolke aus ihrem herben Parfum. Gerhard Ludger war es ganz recht, dass sie weg war. Er wollte sich ohnehin nicht helfen lassen. Dieses Hindernis musste er allein meistern. Aus dem Augenwinkel bemerkte er, dass der Bulgare zum Hausaufgang Nr. 3 weitermarschierte. Er schaute nicht in seine Richtung. Gut.

Nun also: Herr Ludger stellte den Rollator parallel zur ersten Stufe, hielt sich mit der linken Hand daran fest und setzte dann das operierte rechte Bein auf die Treppenstufe. Soweit kein Problem, das linke Bein war belastbar, darauf würde er ewig stehen können. Nun musste er sich nur mit dem rechten Bein und dem Arm nach oben drücken, um diese erste Stufe zu erklimmen. Er atmete tief durch, versuchte das rechte Bein zu belasten – ein stechender Schmerz durchfuhr seine Hüfte, gleichzeitig wackelte der Rollator. Beinahe wäre er gestürzt, doch er fing sich gerade noch auf.

Gerhard Ludgers Herz raste, die Hüfte schmerzte, aber heftiger traf ihn die Erkenntnis, dass er keine Chance hatte, allein bis zur Tür zu kommen. Wenigstens konnte er sich auf den Rollator setzen und sich ausruhen. Schweiß rann ihm über die Stirn und den Rücken. Er beschloss, sich in seiner Wohnung sofort zu duschen, um nicht zu riechen, wenn seine Tochter eintraf, um ihm zu helfen und um endlich die Wohnung weihnachtlich zu schmücken. Kaum saß er, da kam Frau Wagner wieder an ihm vorbeigestürmt.

„Charlotte hat die Sportschuhe vergessen. Diese Kinder! An nichts denken sie."

Sie sperrte die Tür auf, verschwand im Haus und kehrte eine Minute später mit zwei rosa Stollenschuhen wieder zurück. Sie war so außer Puste, dass sie für Herrn Ludger lediglich ein flüchtiges Winken übrighatte. Von ihr konnte er keine Hilfe erwarten. Was konnte er tun? Den Rettungsdienst rufen? Das war ja lächerlich. Seine Tochter wohnte 100 Kilometer weit weg und würde heute Abend zu ihm kommen, gegen sieben. Solange wollte er hier nicht ausharren.

Da öffnete sich wieder die Tür. Heraus kam Professor Grundbach. Ein außerordentlich feiner Herr kurz vor dem Ruhestand. Gerhard Ludger hatte beobachtet, dass er regelmäßig am Morgen joggte, und deshalb körperlich sehr fit sein musste. Doch er hatte bisher, abgesehen von einigen banalen Freundlichkeiten auf einer Hauseigentümerversammlung, kaum zwei Sätze mit ihm gewechselt. Dieser Akademiker verkehrte in höheren Kreisen. Die beiden

Männer nickten sich zu, und der Professor stolzierte in Richtung Stellplätze davon, wo sein tannengrüner Tesal stand.

Gerhard Ludger fasste blitzschnell einen Entschluss. Er musste ihn um Hilfe ersuchen. Es gab keine andere Lösung. Grundbach war schon bei Hauseingang 3, da winkte Ludger und rief:

„Hallo Herr Professor. Könnten Sie bitte …"

Doch der Angesprochene reagierte nicht. Gleichzeitig kam der Zirkusmann aus dem Nachbarhaus. Der sah das Winken und wandte sich ihm zu. Oh nein! Ihn hatte Ludger nicht gemeint. Rasch senkte er seinen Arm und verstummte. Der Rumäne zögerte kurz und stapfte schließlich auf den alten Mann zu.

„Wollen mit Hilfe in Haus?", fragte er mit einer knarzenden tiefen Stimme, als er vor Ludger stand. Der wedelte mit der Hand, in der er den Schlüssel hielt:

„Nein, nein. Ich schaffe das schon."

Er hätte es schrecklich gefunden, sich von einem Fremden anfassen zu lassen. Das kam gar nicht infrage. Der bullige Kerl grinste. Er entblößte dabei einen kleinen Diamanten im Schneidezahn.

„Wir schaffen das? Nein!", sagte er, griff energisch nach dem Schlüssel in Ludgers Hand, sprang die beiden Treppenstufen hinauf, sperrte auf und rastete die Tür ein, sodass sie offen blieb. Dann packte er den Koffer und stellte ihn vor Ludgers Wohnungstür – offensichtlich erinnerte er sich daran, wo er regelmäßig abgewiesen wurde. Gleich darauf kam er zurück.

„Danke, danke, jetzt geht es schon", begann Ludger, um weitere Hilfe abzuwehren, aber er stieß auf taube Ohren. Der Osteuropäer grinste erneut. Er half Gerhard Ludger aufzustehen, griff ihn mit dem rechten Arm unter die Achsel, mit der linken Hand packte er den Rollator und hob den alten Mann mit Leichtigkeit ins Haus.

Gerhard Ludger indes holte tief Luft und war fassungslos – der Rumäne verwendete dasselbe Aftershave wie er selbst.

IM BLICK EINES ENGELS

Er wurde vom Geist in den Tempel geführt. (Lukas 2,27)

Unaufdringlich fielen ein paar verkümmerte Schneeflöck-
chen durch die knackig kalte Abendluft. Daniel hatte sich
bei Starbucks einen Caramel Macchiato geholt. Er war zu
flatterig, um im Café zu bleiben, aber bei diesem Wetter
fand er auch keinen Platz, um sich draußen bequem hinzu-
setzen. Vollkommen verkorkste Feiertage lagen hinter ihm.
Eigentlich hatte er mit zwei Freunden am Heiligen Abend
einen James-Bond-Marathon veranstalten wollen. Ihr Plan
war gewesen, mindestens einen Film jedes Hauptdarstellers
anzuschauen. Sean Connery, Roger Moore, Timothy Dal-
ton, Pierce Brosnan, Daniel Craig. Er liebte Pierce Brosnan,
den Helden seiner Jugend. Mit genügend Bier und Chips
wäre das unterhaltsamer als die originellsten Geschenke
gewesen. Aber Tobias hatte sich erkältet und Sebastian be-
schlossen, sich doch bei seiner Mutter blicken zu lassen.

. Daniel fand in der offenen Vorhalle des Doms ein tro-
ckenes Plätzchen und eine niedrige Mauer, auf die er sich

setzte. Hier trank er seinen Macchiato, der inzwischen nur noch lauwarm war. Vermutlich hätte er am Heiligen Abend doch besser Lena besuchen sollen, statt sich die Filme allein anzuschauen und vor allen Dingen, statt all das Bier allein zu trinken. Den ersten Feiertag hatte er gebraucht, um seinen Kater zu kurieren, und heute war er hundemüde. Der Kaffee machte ihn kaum wach. Überhaupt schmeckte er zu zuckerig, und Daniel ärgerte sich darüber, dass er ein Getränk in einem umweltschädlichen Einwegbecher gekauft hatte. Er leerte ihn in einem Zug und stellte ihn vor sich auf den Boden. Wie gewohnt griff seine Hand nach seinem Smartphone in der Jackentasche. Der Akku war leer. Elender Alkohol! Er vergaß sonst nie, es anzustecken.

Ein älterer Herr mit einem Rollator kam an ihm vorbei und verschwand im Dom, ihm folgten in kurzer Zeit drei oder vier Paare und einzelne Gläubige. Warum jemand am zweiten Weihnachtsfeiertag nochmal die Abendmesse besuchte, begriff Daniel nicht. Am 24.12. – ja, klar, das war Tradition, Stille Nacht, Heilige Nacht singen und so weiter. Bis zum viel zu frühen Tod seiner Mutter war er jedes Jahr mitgegangen, aber am 2. Feiertag hatten sogar sie es sich lieber vor dem Fernseher gemütlich gemacht. Pünktlich um sechs begann die Orgel zu spielen, da kam noch eine Dame heranstolziert, runzelig, dürr, doch flott und aufrecht. Sie erinnerte ihn an seine alte Deutschlehrerin. Unwillkürlich sagte er „Frohe Weihnachten". Sie blieb irritiert vor ihm stehen, nickte und flüsterte ebenso:

„Ja, frohe Weihnachten auch!" Dann kramte sie ihre Börse aus ihrer Handtasche, zog einen Fünfeuroschein heraus und warf ihn in den Starbucksbecher am Boden. Daniel war so verblüfft, dass er nicht reagierte.

Als die Dame die Tür zum Dom aufzog, umwehte ihn ein Hauch behaglicher, weihrauchgeschwängerter Luft. Die Gemeinde sang: *Lobt Gott, ihr Christen alle gleich, in seinem höchsten Thron.* Er hätte immer noch jedes Wort mitsingen können. Nachdem die Tür schwer hinter der Frau zugefallen war, wurde es still um ihn herum, still und eisig. Wieder musste er kurz an Lena und die Kleine denken. Obwohl Glaube für ihn schon lange keine Rolle mehr spielte, überfiel ihn unvermittelt das Bedürfnis, der Deutschlehrerin zu folgen. Was soll's, dachte er, Tobias und Sebastian sind nicht da und da drin ist es wenigstens warm.

Im Dom war es gewohnt weihnachtlich heimelig, Kerzen, Lichter an den Christbäumen, Weihrauch und alles, was er von früher kannte. Der Gottesdienst war kaum besucht. Die alte Dame hatte sich in eine Bank in der Mitte gesetzt. Daniel nahm direkt hinter ihr Platz. Sie schaute sich um und lächelte ihn wohlwollend an, als sie ihn erkannte. Grundgütiger! Er kam doch nur, um sich aufzuwärmen. Trotzdem tat er, als nehme er an der Messfeier teil. Aufstehen, hinsetzen, Hände falten, aufstehen, singen, hinknien – wie er es aus dem Erstkommunionunterricht kannte. Der Predigt konnte er nichts abgewinnen. Er hatte das Gefühl, das Gesagte habe mit seinem Leben wenig zu tun, und vermutlich hätte er nach einer halben Stunde nicht mehr sagen können, was das Thema des Priesters war. Daniel war zudem viel zu müde, um sich zu konzentrieren. Er musste sich bemühen, nicht einzuschlafen, und war froh um jedes Lied. Schließlich kam die Kommunionausteilung. Kurz zögerte er, doch dann schritt er nach vorne – wo er schon mal da war.

Danach setzte er sich nicht mehr auf seinen Platz, sondern zog sich weiter in den hinteren Teil des Doms in eine kaum beleuchtete Seitenkapelle zurück. Die hinterste Bank dort stand unmittelbar an der Wand, sodass er seinen Kopf anlehnen konnte. Er starrte einige Zeit gedankenverloren auf das Altarbild, das den Heiligen Antonius zeigte, der das Jesuskind auf dem Arm und eine weiße Lilie in der Hand hatte. Dann fielen ihm die Augen zu.

Als er wieder erwachte, waren die Lichter aus, die Gemeinde fort. Finster war es aber nicht, weil es im Dom hohe klare Fenster gab und der Vollmond am Himmel strahlte. Daniel erschrak. Hoffentlich war es noch nicht allzu spät. Er stand mit einem Ruck auf und eilte zur Tür. Zugesperrt! Vielleicht der Seiteneingang? Nein, auch der war zu. Wie spät war es? Von draußen hörte er keinerlei Geräusche. Es konnte weit nach Mitternacht sein. Wenn er wenigstens mit seinem Handy Hilfe rufen könnte. Und jetzt?

Er schaute nach vorne. An der Weihnachtskrippe brannte noch Licht. Genauer gesagt bestrahlte ein an der Kanzel angebrachter Scheinwerfer die Hirtenszene, und im Stall glomm ein Fahrradbirnchen in einer Minilaterne. Daniel setzte sich auf die Bank direkt vor der Krippe. Sie hatte sich in den letzten zehn Jahren kaum verändert. Er starrte die Hütte mit Maria, Josef und dem Kind an. Vertraute Sätze bildeten sich in seinem Kopf:

Es geschah aber in jenen Tagen, dass Kaiser Augustus den Befehl erließ, den ganzen Erdkreis in Steuerlisten einzutragen.

So zog auch Josef von der Stadt Nazaret in Galiläa hinauf nach Judäa in die Stadt Davids, die Betlehem heißt; denn er war aus dem Haus und Geschlecht Davids. Er wollte sich eintragen lassen mit Maria, seiner Verlobten, die ein Kind erwartete. Es geschah, als sie dort waren, da erfüllten sich die Tage, dass sie gebären sollte, und sie gebar ihren Sohn, den Erstgeborenen. Sie wickelte ihn in Windeln und legte ihn in eine Krippe, weil in der Herberge kein Platz für sie war.

Wahnsinn, dass er das noch auswendig konnte! Oder nicht? Er hatte es jahrzehntelang mehrmals im Jahr gehört: vor der Bescherung am Christbaum, in der Messe in der Heiligen Nacht und tausendmal in einer abgespeckten Version, die seine Mutter aus der Kinderbibel vorgelesen hatte. Wieder kamen ihm Lena und die Kleine in den Kopf. Warum bloß? Er zahlte die Alimente und damit war sein Teil erledigt. Natürlich hatte er damals gewusst, dass sich Lena einige Tage zuvor einen Magen-Darm-Virus eingefangen hatte, aber dass das etwas mit der Wirksamkeit der Pille zu tun haben könnte, wäre ihm nie eingefallen. Er hatte sich von ihr getrennt, bevor er erfahren hatte, dass sie schwanger war. Wie sie auf die Idee gekommen war, dass er jetzt, nach zwei Jahren, den Heiligen Abend mit ihr und seiner Tochter verbringen könnte, war ihm unbegreiflich.

Er hielt es auf der Bank nicht aus. Wie idiotisch, sich hier einsperren zu lassen. Ging der Mesner nicht herum und schaute nach, ob sich noch jemand im Dom befand? Er hätte wenigstens rufen müssen. Daniel klapperte nochmal die Türen ab und rüttelte daran. Er brüllte aus vollem Hals: „Hallo, hört mich da draußen einer! Man hat mich hier eingesperrt." Niemand reagierte, nur seine Stimme hallte lange und unangebracht dröhnend im Kirchenschiff nach. Er atmete auf, als es wieder still war. Doch die Ruhe wurde gleich darauf von den Glocken der Domuhr gebrochen. Dong, dong, dong, dong, dong, dong, dong, dong. Hatte er richtig gezählt? Acht Schläge? Wirklich spät war es nicht. Er kehrte zurück zur Bank vor der Krippe.

Das Licht des Strahlers traf den Engel, der vor den Hirten stand und verkündete:

Fürchtet euch nicht, denn siehe, ich verkünde euch eine große Freude, die dem ganzen Volk zuteilwerden soll: Heute ist euch in der Stadt Davids der Retter geboren; er ist der Christus, der Herr. Und das soll euch als Zeichen dienen: Ihr werdet ein Kind finden, das, in Windeln gewickelt, in einer Krippe liegt. Und plötzlich war bei dem Engel ein großes himmlisches Heer, das Gott lobte und sprach: Ehre sei Gott in der Höhe und Friede auf Erden den Menschen seines Wohlgefallens. Und es geschah, als die Engel von ihnen in den Himmel zurückgekehrt waren, sagten die Hirten zueinander: Lasst uns nach Betlehem gehen, um das Ereignis zu sehen, das uns der Herr kundgetan hat! So eilten sie hin und fanden Maria und Josef und das Kind, das in der Krippe lag.

Schaute der Engel wirklich die Hirten an? Nein, er blickte direkt in Daniels Gesicht. Hatte der sie noch alle! Die Kleine, Emma hieß sie - er vermied es sonst, den Namen zu sagen -, lag nicht in einer Krippe. Lena hatte eine normale Wohnung. Es ging ihr nicht schlecht. Daniel sprang erneut auf. Er stapfte fünfmal durch den Mittelgang des Doms. Er war jetzt hellwach. Als er wieder vor dem Altar stand, fiel sein Blick auf die Pforte, durch die der Pfarrer immer hereinkam. Gab es dahinter ein Telefon? Dieser Zugang war nicht abgeschlossen. Er kam durch einen kurzen Gang. Geradeaus befand sich die eigentliche Sakristei, links gab es eine weitere schwere Tür. Vermutlich führte sie nach draußen, denn sie war mit einem Notaugsgangsverschluss gesichert. Wenn er die Klinke drückte, um hinauszugehen, würde er Alarm auslösen. Das war ihm jetzt egal.

Ob Lena wohl noch wach war?

DIE HEBAMME FÜR MARIA GEHT AUF'S HAUS

... weil in der Herberge kein Platz für sie war. (Lukas 2,7)

Mazal stand auf der Dachterrasse seiner Herberge und blickte zufrieden hinab in den Innenhof. Seit sieben Tagen war jedes Bett belegt, sogar sein eigenes Schlafzimmer hatte er vermietet. Er und seine Frau Margalit waren nach oben gezogen und schliefen hier unter dem Sternenhimmel. Darüber beschwerte er sich nicht, es war zwar ein wenig kühl, aber das Lager weich, bequem und romantisch. Unglaublich, was die Anordnung des Kaisers Augustus für ein Chaos ausgelöst hatte. Jeder sollte sich in seinem Heimatort in die Steuerlisten eintragen lassen. Heimatort! Was hieß das schon? Mazal konnte das egal sein. Bethlehem, die Stadt Davids, jedenfalls war voll, und so brachte ihm die Zählung eine Menge Geld ein, weil er die einzige Herberge im Ort besaß.

Sein Diener Amon führte soeben ein letztes Kamel an den Wassertrog. Die wertvollen Kamele hatten sie im

Innenhof stehen, allerdings nicht im Stall, denn dort schliefen viele Knechte im Stroh. Die Packesel standen außerhalb des Ortes in einem Pferch. Seine beiden Söhne und zwei weitere Tagelöhner bewachten sie. Sie übernachteten am Lagerfeuer, für sie war das ein Abenteuer.

Mazal stieg die Treppe in den Hof hinunter, um das Tor zu verschließen. Unten erwartete ihn Margalit. Sie hakte sich gut gelaunt bei ihm unter und begleitete ihn.

„Wir haben heute den Hammel geschlachtet, der sich vorgestern den Vorderlauf gebrochen hat. Den bereiten wir als Abendessen zu. Die Leute brauchen etwas, das sie aufmuntert, nachdem sie den ganzen Tag vergebens in der Schlange vor den Beamten gestanden sind und auf ihre Registrierung gewartet haben."

„Gut, aber wird ein Hammel reichen? Gestern haben sich viele beschwert, dass es zu wenig Grütze gegeben hat."

„Mach dir keine Sorgen. Wir haben genug Brotfladen gebacken. Es wird sogar für morgen was übrig bleiben."

„Ich mache mir immer Sorgen. Wenn sich herumspricht, dass es bei uns zu wenig zum Essen gibt, werden die Karawanen nicht mehr zu uns kommen, sobald dieser Steuerlistentrubel vorbei ist. Du weißt ja, wie rasend solche Nachrichten unter den Reisenden verbreitet werden."

Mazal ergriff das schwere Tor und zog daran. Sein Knecht Amon kam gerannt und packte mit an. Das Tor fiel mit einem dumpfen Knall zu. Die beiden legten den Riegel vor. Alle Nachzügler mussten nun durch die Pforte. Sie war groß genug für einen Esel, Kamele würden heute ohnehin nicht mehr kommen.

„Na Amon, jetzt sind wir wirklich voll, oder?"

„Ja Herr, so voll waren wir noch nie."

„Höchstens am Purimfest", Mazal zwinkerte dem Knecht zu. Der errötete, denn er hatte damals tatsächlich zu viel getrunken.

„Haben die Gäste großzügig Trinkgeld gegeben?"

„Überaus großzügig", flüsterte Amon. Dies hätte er seinem früheren Herrn nicht verraten, weil er bei dem alles hatte abgeben müssen. Mazal war anders, immer freundlich, immer wohlwollend. Amon hatte sich vorgenommen, stets alles richtig zu machen und fleißig zu sein, um diese Anstellung nie zu verlieren.

Mazal kehrte mit seiner Gemahlin auf die Dachterrasse zurück, denn sie wollte vor dem Servieren des Abendessens etwas ausruhen und er seine Einnahmen zählen. Als sie oben ankamen, sahen sie, dass ein Mann mit einer schwangeren Frau auf einem Esel auf die Herberge zukam. Kurz darauf hörten sie, dass an der Pforte geklopft wurde. Der Wirt musste sich darum nicht kümmern, das war Amons Aufgabe. Margalit blieb an der Balustrade stehen und beobachtete von oben, was geschah.

Kurz nach Sonnenuntergang begab sich Mazal zu seinen Gästen. Man hatte im Innenhof Tische und Bänke aufgestellt, sodass sie dort essen konnten, denn im Speisesaal hatte eine Großfamilie ihr Nachtlager aufgeschlagen. Es herrschte ausgezeichnete Laune. Ein Händler aus Joppe erzählte ausschweifend, wie er einen der höheren römischen Beamten bestochen hat, damit er früher an die Reihe kam. Mazal ging zu jedem Gast, um sich kurz zu unterhalten.

Alle schienen zufrieden zu sein. Der Hammel hat offenbar geschmeckt. Sein Knecht Amon saß mit einigen anderen Bediensteten abseits und aß ebenso. Aber wo waren der alte Mann mit der Frau, die ein Kind erwartete? Der Wirt trat an seinen Diener heran und befragte ihn.

„Die beiden habe ich weggeschickt. Ihr hattet doch gesagt, wir seien ganz und gar voll."

Mazal zog die Stirn in Falten. Er setzte zu einem Tadel an, schwieg jedoch. Das war nicht seine Absicht gewesen. Eine Schwangere hätte er nie abgewiesen, irgendwo hätte man sie schon untergebracht. Doch er wollte Amon nicht schimpfen. Es war gut gemeint, zwar ein Missverständnis, aber gut gemeint. Trotzdem taten ihm die beiden leid. Seine Frau trat neben ihn und lenkte ihn ab. Er legte den Arm um sie.

„Na, alles unter die Leute gebracht?"

„Ja natürlich. Ich halte nichts zurück. Du siehst ja, sie sind satt."

„Das sollte kein Tadel sein. Ja, ich sehe nur zufriedene Gesichter."

Plötzlich brüllte einer der Gäste:

„Herodes? Der kann mir gestohlen bleiben. Hoffentlich tritt er bald seine letzte Reise an, fett genug ist er ja, aber seine Söhne sind ebenso alle Versager."

Es wurde auf einem Schlag still im Hof. Wie konnte dieser Kerl es wagen, öffentlich so zu sprechen! Natürlich waren überall auch Parteigänger des Königs zugegen und wenn hier ein Streit entbrannte, konnte das böse enden. Mazal musste sich etwas einfallen lassen. Doch ein anderer war schneller. Der Händler aus Joppe rief in das Schweigen:

„Wirt, ich habe was zu feiern. Eine Runde Wein für alle, vom besten!"

Die Stille war vorbei. Die Gäste ließen ihn hochleben, und Mazal hatte in der nächsten Stunde zu tun, um Getränke heranzuschaffen, denn bei einer Runde blieb es nicht. Danach konnte er sich kurz ausruhen und einen Becher trinken. Unvermittelt schweiften seine Gedanken wieder zu dem Paar zurück. Wo schliefen sie wohl heute Nacht? Fremde würden in Bethlehem nur schwer jemanden finden, der sie aufnahm. Zumal viele Einheimische selbst Gäste im Haus hatten, die von weit her kamen, um sich in Bethlehem einschreiben zu lassen. Ein Bild spukte durch seinen Kopf, die schwangere Frau, die unter einem Baum liegt, unbequem, kalt. Ihr Mann steht daneben und hält Wache, damit niemand den Esel stiehlt. Vielleicht werden sie bestohlen oder überfallen. Es gab zur Zeit viel fremdes Gesindel aus Samarien und Ägypten in der Gegend. Das alles ließ Mazal keine Ruhe. Er nahm sich eine Öllampe und verließ seine Herberge durch einen Hinterausgang. Seiner Frau sagte er nichts. Sie würde nicht merken, wenn er kurz nicht da war.

Mazal eilte durch die finsteren Straßen des Ortes, zuerst zum Brunnen. Dort saßen noch einige Jugendliche unter dem Sternenhimmel und unterhielten sich. Er fragte sie, ob sie die Schwangere und den alten Mann gesehen hatten, das war nicht der Fall, seltsam genug. Fremde ohne Herberge mussten Aufmerksamkeit erregen. Ein paar Straßen weiter saß der blinde Bartholomäus vor seinem Haus.

„Bartholomäus, es ist dunkel, du solltest reingehen, es wirft keiner mehr was in deine Schale."

„Ach, ist es schon dunkel? Danke Mazal, das bist doch du, Mazal, oder?"

„Ja, das bin ich. Sag mal, hast du von einem alten Mann und einer schwangeren Frau auf einem Esel gehört?"

„Nein, die habe ich nicht gesehen", entgegnete der Blinde und fing an, kreischend zu lachen.

Der Wirt kehrte um. Vielleicht wussten ja seine Kinder was. Er begab sich zum Pferch für die Esel, auf die seine Söhne aufpassten. Sie saßen noch um ein Feuer und waren in eine aufgeregte Diskussion vertieft. Doch sie erschraken, als ihr Vater auftauchte.

„Guten Abend, Vater. Wir sind wachsam. Du musst dich nicht sorgen."

„Nein, Jakobus, ich sorge mich nicht. Geht es euch gut?"

„Ja, wir diskutieren gerade über diesen neuen Stern am Himmel. Weißt du, was es mit ihm auf sich hat?"

„Ich hoffe, er bringt kein Unglück. Manche sagen, aus seinem Schweif fallen Krankheiten. Aber das ist abergläubisch, man sollte nicht viel darauf geben."

„Vielleicht hat Gott geniest und einen Stern fast ausgeblasen", scherzte einer der Knechte.

„Ja, das kann sein. Sagt, habt ihr eine Schwangere und einen alten Mann gesehen?"

Die Kinder schauten sich schuldbewusst an. Schließlich gestand sein jüngerer Sohn: „Ja, Vater. Die sind im Stall, in dem wir den Ochsen stehen haben. Ist das ein Problem?"

„Nein, gar nicht. Ich wollte mich nur umschauen."

Im Ochsenstall also? Na ja, es gab schlechtere Orte. Warum war ihm das nicht gleich als Lösung eingefallen? Wo er schon hier war, konnte er auch nach dem Rechten sehen. Er ging zu dem Stall und schob das schwere Tor auf. Dahinter war es überraschenderweise hell. Dem alten Mann stand Amon gegenüber, der eine Öllampe in der Hand hielt. Die Frau lag auf einer Decke im Stroh. Amon schaute seinen Herrn erschrocken an.

„Was machst du denn hier?"

„Herr, verzeiht mir, Herr. Ich habe eigenmächtig gehandelt. Ich habe die beiden hierhergebracht, weil sie doch nicht auf der Straße schlafen können und Ihr gesagt habt, unsere Herberge sei voll. Es ist nicht schlimm, dass sie hier übernachten, oder? Ich wollte ihnen noch eine Lampe bringen, deshalb bin ich wieder hier. Ich gehe sofort zurück zur Arbeit."

„Beruhige dich Amon. Alles ist gut. Das war eine hervorragende Idee. Ich selbst bin nicht darauf gekommen."

Plötzlich fing die Frau an zu jammern. Sie krümmte sich. Der alte Mann schaute besorgt zu ihr hin.

„Ich befürchte, das Kind kommt heute", sagte er.

„Was? Das Kind kommt? Amon, du musst ..."

Der Wirt wurde unterbrochen, denn die Tür zum Stall öffnete sich und Margalit kam herein. Sie hielt eine Schale in den Händen. Seine Frau zuckte zusammen, als sie ihn sah.

„Oh, Mazal. Entschuldige, ich wollte den beiden zu Essen bringen. Es ist jede Menge übrig geblieben, und weil du gesagt hast, unsere Gäste seien zufrieden, habe ich gemeint, ich könnte etwas Gutes damit tun. Oder ist dir das nicht recht?"

„Was für eine schlechte Meinung haben heute nur alle von mir! Natürlich ist mir das recht. Nur, woher weißt du, dass sie hier sind?"

„Ich habe Amon gefragt."

„Ach ja? Schlaues Weib! Egal, das Kind kommt. Amon, lauf zu Salome der Hebamme. Sie soll sofort kommen und der Frau helfen. Sie hat hier ja sonst keinen."

„Nein, Herr", widersprach der alte Mann, „es tut mir leid, aber ich befürchte, eine fremde Hebamme können wir uns nicht leisten."

Mazal schaute ihm in die Augen, dann warf er einen Blick auf die Schüssel mit Essen, die Margalit gebracht hatte. Schließlich sagte er:

„Ist schon gut. Die Hebamme geht auf's Haus. Sonst gelte ich bis in alle Ewigkeit als der Hartherzige."

HERZ UND MUSKELN

... und Friede auf Erden den Menschen seines Wohlgefallens. (Lukas 2,14)

Arnd saß zusammengesackt in der U-Bahn. Er kam von seinem Bruder Rainer. Wie jedes Jahr hatten sie am 27. Dezember das Weihnachtsfest nachgefeiert. Sie waren gemeinsam beim Italiener gewesen und hatten danach in Rainers Wohnung bei Kaffee und Plätzchen Geschenke ausgetauscht. Vielleicht hätte Arnd den Streit, den sein Geschenk provoziert hatte, voraussehen müssen. Übergriffig sei es! War es übergriffig, wenn er wahrnahm, wie ungesund sein Bruderherz lebte? Bei jedem Besuch war er dicker und hatte schon lange Kreislaufprobleme und Diabetes. Er behauptete, Sport sei für ihn als Pfarrer ungebührlich – aber üppiges Essen, das war seiner Stellung angemessen, oder was? Warum sein Bruder so heftig reagiert hatte, begriff er nicht. Er hatte ihn lediglich zu sich einladen wollen, denn natürlich war er am geeignetsten, wenn es darum ging, jemanden zu einer gesünderen Lebensweise mit ausreichend Bewegung zu verhelfen. Das war doch ein liebevoll ausgesuchtes Weihnachtsgeschenk. Oder nicht? Gewalt war für Arnd absolut unakzeptabel, egal ob körperlich oder verbal und für ihn waren diese verbalen Attacken Rainers ein Akt der Gewalt gewesen. Es war deprimierend. Wenigstens konnte er sich darauf verlassen, dass dieser Streit ihr Verhältnis nicht nachhaltig trüben würde. Sie waren einander nie lange böse. Im Augenblick aber schaute Arnd zerknirscht in die Spiegelungen im Fenster der U-Bahn.

Im Vierer auf der gegenüberliegenden Seite des Gangs saß eine junge Frau in einer dicken blauen Jacke. Ihr dezentes Make-up konnte ihre Augenringe nicht übertünchen. Sie sah, wie nicht wenige nach den Feiertagen, ziemlich erledigt aus. Neben ihr stand ein Buggy mit einem himmelblau angezogenen Kind, vielleicht eineinhalb Jahre alt. Der Kleine zog seinen Schnuller aus dem Mund, streckte den Arm aus und ließ den Nuckel fallen. Die Mutter beobachtete es. Nach kurzem Zögern hob sie ihn aber auf und steckte ihn ihrem Sohn zurück in den Mund. Doch das half nicht lange. Erneut zog der Knirps den Schnuller heraus und klatsch, landete der wieder auf dem Boden. Dann guckte er ihm lächelnd hinterher.

„Oh Mann! Was glaubst du, wie oft ich das mache?", stöhnte die Frau. Der Junge schaute sie an und deutete dann auf den am Boden liegenden Schnuller. Seufzend hob die Mutter ihn auf, steckte ihn aber in die Tasche hinten am Buggy.

„Sorry, daheim wieder, ja", erklärte die Mama. Ihr Kind begann zu weinen, doch sie ließ ihren Kopf in die Hände sinken. Arnd stand auf. Er ertrug die Traurigkeit des Jungen nicht, deshalb zog er seinen Schlüsselbund aus der Hosentasche, rasselte damit und hielt ihn dem Knirps hin. Jetzt schaute die Mutter nochmals auf. Sie zuckte zusammen, als sie den fremden Mann sah, und zog den Buggy näher an sich heran. Doch der Kleine griff nach dem Schlüssel und ließ ihn zu Boden krachen. Arnd hob ihn wieder auf und gab ihn dem Kind zurück. Das Spiel wiederholte sich ein paarmal.

„Ich glaube, er ist in dem Alter, in dem er die Gesetze der Schwerkraft erforscht", sagte Arnd zu der Mutter, die atmete tief durch und antwortete:

„Hm, kann sein", schaute ihm aber weiter argwöhnisch zu. Leider konnte Arnd das nicht lange weitermachen, denn in der nächsten Station musste er umsteigen. Als er sich erhob, flüsterte die Frau:

„Danke."

Als er am richtigen Gleis ankam, fuhr die U-Bahn gerade vor seiner Nase weg. Egal, er war nicht in Eile. Seine Mitarbeiter kümmerten sich um alles. Er setzte sich auf eine von zwei Bänken direkt am Durchgang und schrieb seinem Bruder mit Signal eine Nachricht: „Hey, ich habe es nur gut gemeint!"

Ein grauhaariger Schwarzer kam mit langsamen Schritten durch die Passage. Er schaute auf die Anzeigetafel und ließ sich schließlich auf die Nachbarbank fallen. Arnd starrte auf sein Handy. Der Empfang war nicht überwältigend, doch die Mitteilung war gesendet worden. Nach einer Minute erschien der zweite Häkchenkreis: zugestellt an

Rainer. Aber er las es nicht sofort. Ach Mist! Wie lange würde diese Unstimmigkeit zwischen ihnen anhalten?

Da tauchten drei Achtzehn- bis Zwanzigjährige auf. Zwei davon ließen eine Bierflasche zwischen Zeige- und Mittelfinger pendeln. Auch sie schauten auf die Anzeigetafel, dann gab einer von ihnen seinen Kumpels mit dem Kopf einen Wink. Daraufhin stellten sie sich unmittelbar vor den Herrn auf der benachbarten Bank auf.

„Hey N…, da wollen wir uns hinsetzen", krakelte derjenige, der die Geste gemacht hatte. Die anderen beiden kicherten. Arnd stöhnte auf. Warum waren heute nur alle so mies gelaunt? Weihnachten war doch kaum vorüber. Er erhob sich, drängte sich an den dreien vorbei und ließ sich neben dem Schwarzen nieder.

„Setzt euch auf meine Bank", sagte er, „und das N-Wort solltet ihr besser aus eurem Wortschatz streichen."

„Und warum sollte ich das?", grummelte der eine, der den Wink gegeben hatte, doch einer seiner Freunde legte die Hand um seine Schultern und zog ihn weg.

„Komm, lass gut sein", flüsterte er. Die drei setzten sich.

„Danke", hauchte nun der Angepöbelte.

„Keine Ursache." Arnd zog nochmal sein Smartphone hervor. Die zwei Kreise waren jetzt weiß. Rainer hatte die Nachricht gelesen. Würde er antworten? Einige Minuten später fuhr die U-Bahn ein. Arnd und sein Banknachbar erhoben sich und betraten den Wagen durch die nächstbeste Tür. Auch die drei Kerle folgten, aber Arnd bemerkte, dass sich der Schwarze nach ihnen umblickte, deshalb drehte er sich um, hielt den dreien die ausgestreckte flache Hand entgegen und sagte: „Ich glaube, es ist besser, ihr nehmt die nächste."

„Okay, okay", murmelte einer. Sie kehrten um und setzten sich wieder auf die Bank.

Zwanzig Minuten später erreichte Arnd sein Sportstudio. Im Eingangsbereich standen seine drei Pokale, zwei silberne und ein goldener. Solche Prahlerei war ihm zwar peinlich, aber ein Berater hatte vor der Eröffnung des Studios geraten, damit Werbung zu machen. Sie stachen jedenfalls jedem, der hereinkam, sofort in die Augen. Sofie, seine Mitarbeiterin am Empfang, lächelte ihn an.

„Dein Bruder hat gerade angerufen. Er wolle am Montag vorbeikommen."

Arnd fiel ein Stein vom Herzen. Dann hatte sich die Aufregung ja gelohnt.

„Super! Kannst du uns den Raum rechts hinten reservieren? Wir werden langsam beginnen. Jetzt tue ich erstmal was für mich selbst."

Er zog sich um und eilte in die Gerätehalle, dort ließ er sich auf die Matte nieder und machte einhändige Liegestützen, erst hundert Stück mit links, dann hundert mit rechts.

EIN UNPÜNKTLICHER BUS UND EIN GANZES HÄHNCHEN IM OFEN

Er richtet nicht nach dem Augenschein und nach dem Hörensagen entscheidet er nicht. (Jesaja 11,3)

Christoph hatte diesen Heiligen Abend minutiös geplant. Alles sollte ablaufen wie immer, so wie vor fünf Jahren. Um 19:15 Uhr würde er von seiner Schicht heimkommen. Der Ofen mit dem Grillhähnchen war für 19:45 Uhr programmiert. In der Zwischenzeit konnte er die Knödel kochen und den Salat vorbereiten. Nach dem Essen würde er in seinem Sessel vor dem Christbaum sitzen und sich „Eine Weihnachtsgeschichte" von Dickens in einer Hörspielfassung anhören. Das dauerte zwei Stunden, dann war es Zeit, zu Fuß nach St. Peter aufzubrechen. Dort gab es ab 23:00 Uhr weihnachtliche Musik und um 24:00 Uhr die Mitternachtsmesse. Und danach würde er seine beiden Geschenke auspacken. Eines hatte ihm seine Schwester aus Schweden geschickt, das andere hatte er in der Apotheke bekommen.

So war der Plan, doch der Stau, durch den er seinen Bus lenken musste, hatte ihn zunichtegemacht. Fünfunddreißig Minuten hatte er auf der Busspur gestanden, und sogar nachdem sie die Unfallstelle passiert hatten, ging es langsamer voran als sonst. Am nächsten Haltepunkt sah er niemanden. Es hatte auch keiner gedrückt. Ein ausfallender Stopp brachte eine oder zwei Minuten. Doch als er gerade auf Höhe der Haltestelle war, erspähte Christoph ein Mädchen, das von vorne auf seinen Bus zulief und winkte. Da sie im Zwanzigminutentakt fuhren, würde sein Kollege vermutlich gleich kommen, trotzdem blieb er stehen und öffnete die Tür. Wie oft war er selbst als Kind hinter davonfahrenden Bussen hergelaufen und hatte innerlich geschimpft. Die junge Frau sollte an Weihnachten keinen Grund für miese Stimmung haben. Sie quetschte sich durch die mittlere Tür in den vollen Bus.

An der nächsten Haltestelle hatte ein Fahrgast gedrückt. Als er stehenblieb, rief es: „Lassen Sie mich raus?" Es war eine Dame im selbstfahrenden Rollstuhl. Christoph drückte den Schalter, woraufhin sich der Bus neigte, dann ging er nach hinten und zog die Rampe heraus. Die Rollstuhlfahrerin schaute mürrisch drein, aber als er ihr ein frohes Weihnachtsfest wünschte, lächelte sie ihn an und sagte:

„Danke, Ihnen auch."

Er schob die Rampe wieder an ihren Platz und lief nach vorne, doch bevor er einstieg, hörte er nochmal ihre Stimme:

„Entschuldigen Sie! Ist das nicht die Willi-Brand-Chaussee?" Christoph drehte sich um und schüttelte den Kopf:

„Nein, das ist erst die nächste Haltestelle." Er verfrachtete die Frau also in den Bus zurück.

Als er wieder hinter dem Steuer saß, wurde ihm klar, dass er erneut einige Minuten verloren hatte. Der Ofen schaltete sich zwar aus, sodass das Hähnchen nicht verbrennen konnte, aber er musste ja noch die Knödel fertig machen. Na ja, schlimmer war, dass sein Zeitplan durcheinandergeriet. Als er an der Willi-Brand-Chaussee der Rollstuhlfahrerin aus dem Bus half, nutzte ein gut fünfzigjähriger, dünner Mann in Cordhose und olivgrünem Parka die Rampe, um mit seinen zwei Krücken einzusteigen. Er trug in jeder Hand eine volle Stofftasche, und Christoph wunderte sich, dass er damit überhaupt zurechtkam.

„Wissen Sie, ich besuche meine Schwester, um mit ihr den Heiligen Abend zu verbringen. Sie wohnt erst einige Monate in der Stadt", erklärte die Frau im Rollstuhl, als er die Rampe zurückschob.

„Dann wünsche ich Ihnen beiden eine besinnliche Zeit", antwortete er und flüchtete nach vorne, um zu vermeiden, in ein längeres Gespräch verwickelt zu werden, so gern er sich sonst mit den Fahrgästen unterhielt. Als er wieder anfuhr, hörte er, dass der Mann mit den Krücken lautstark seinem Ärger Luft machte. Er verstand zwar nicht, was dieser sagte, aber er saß inzwischen auf einem Platz für Menschen mit Behinderung, und die junge Frau mit Kopftuch, die vorher dort gesessen hatte, stand. Christoph wollte gar nicht mitbekommen, was der Kerl von sich gab.

Die Tour dauerte noch eine dreiviertel Stunde. Dabei verlor er nochmal fünf Minuten. In der Zwischenzeit hatte sich der Bus fast geleert. Nur drei Gäste waren mit ihm bis zur Endhaltestelle gefahren, unter anderem der mit den Krücken. Torsten wartete bereits an der Umkehrstelle. Er würde den Bus übernehmen.

„Einen ruhigen Heiligen Abend wünsche ich dir", Christoph klopfte seinem Kollegen auf die Schulter.

„Ja, dir auch, danke, meine Geschenke habe ich schon. Emily hat mir eine neue Kamera geschenkt. Ich erzähle dir bei Gelegenheit mal davon, jetzt muss ich los."

Ja, er sollte ebenfalls los zu seinem langsam abkühlenden und austrocknenden Grillhähnchen. Als er sich umsah, fiel sein Blick auf den übelgelaunten Cordhosenmann. Der hatte es diesmal ohne Rampe aus dem Bus geschafft, aber jetzt stand er da, die beiden vollen Stofftaschen am Boden an die Beine gelehnt, und sah so aus, als müsse er sich erstmal erholen, bevor er nach Hause ging.

Christoph dachte: „Ach, was soll's!" Er trat an seinen ehemaligen Fahrgast heran. „Kann ich Ihnen tragen helfen?"

„Nein, nein. Ich schaff das schon."

„Wo wohnen Sie denn?"

„Über Ihnen."

„Wie bitte?"

„Über Ihnen, seit sechs Jahren schon. Da war Ihre Frau noch da. War ne ganz Nette."

Christoph öffnete den Mund, wusste aber nicht, was er entgegnen sollte. Er hätte geschworen, den Mann noch nie gesehen zu haben, und trotzdem hatte er scheinbar Gabriele gekannt. Mehr aus Verlegenheit packte er, ohne weiter zu fragen, die beiden Taschen, die wirklich schwer waren, und ging los. Sein Nachbar stakte langsam hinterher.

„Ich hoffe, es wartet niemand auf Sie."

Als er die Stimme in seinem Rücken hörte, wurde ihm klar, dass es nicht besonders höflich war, derart vorauszumarschieren, deshalb wandte er sich um und hielt sich ab da auf gleicher Höhe.

„Nein, nur ein Hähnchen im programmierten Ofen."

„Ein ganzes?"

„Ja, wenn man ein halbes nimmt, wird es einfach nicht so gut."

„Hm, verstehe."

Nun schwieg der Mann. Er schaute konzentriert auf den Boden, vermutlich um mitzuhalten, ohne zu stolpern. Erst kurz vor ihrem Ziel begann er wieder zu sprechen:

„Haben Sie das vorhin im Bus mitbekommen?"

Nein, und das wollte Christoph auch nicht.

„Ich habe gebeten, ob ich mich hinsetzen kann. Und wer steht als Einzige auf? Diese hochschwangere Frau. Alle anderen starren auf ihre Telefone oder aus dem Fenster und tun so, als hätten sie nichts gehört. Das ist unmöglich! Aber ich kann wirklich nicht so lange stehen. Ich weiß nicht, ist das früher auch so gewesen?"

„Ich befürchte ja", antwortete Christoph. Sie waren da. Er zog den Schlüssel aus der Tasche, sperrte auf und ging zum Aufzug.

„Sie wohnen im Vierten? Dann komm ich noch mit hoch."

Kurz darauf standen sie vor der Wohnungstür seines Nachbarn, der lächelte ihn jetzt an.

„Vielen Dank. Ich glaube, ich hätte das ohne Sie wirklich kaum geschafft. Einen schönen Abend noch."

„Ihnen auch und frohe Weihnachten!"

„Ach, das ist Humbug!"

„Wie bitte?"

„Na, frohe Weihnachten. Das ist Humbug. Weihnachten ist kein Fest für Alleinstehende wie uns. Der einzige Vorteil ist, dass wir für dieses Tamtam kaum Zeit verschwenden müssen."

„Sie können ja mit mir feiern."

„Oh je! Da würden Sie sich schön bedanken. Also machen Sie es gut."

Der Mann sperrte seine Tür auf und verschwand in seiner Wohnung. Christoph atmete auf. Was hatte er denn da getan? Diesen Fremden eingeladen? Der hätte alles voll und ganz durcheinandergebracht, aber immerhin hatte er begriffen, dass es nur nett gemeint war. Er nahm die Treppe ein Stockwerk nach unten und eilte, noch bevor er seinen Mantel auszog, in die Küche. Was war das? Der Ofen lief! Er drückte ein paar Tasten im Bedienfeld – fünfzehn verbleibende Minuten? Hatte er ihn falsch programmiert? Das kam davon, wenn man solche Sonderfunktionen nur selten benutzte. Dann begriff er: Er hatte die Uhr nicht auf Winterzeit umgestellt! Was für ein glückliches Missgeschick. So reichte die Zeit noch für die Knödel. In der Packung mit dem Fertigteig waren sechs Stück, viel zu viele, aber das machte nichts. Die übrigen konnte er mit dem Rest des Hähnchens einfrieren oder sie am ersten Feiertag verspeisen. Er legte erstmal eine CD mit Bachs Weihnachtsoratorium in seine alte Stereoanlage. Die Musik füllte die ganze Wohnung, während er mitsummend in der Küche beschäftigt war. Es war natürlich jetzt nicht mehr genug Zeit für die Weihnachtsgeschichte von Dickens, aber es würde vielleicht für die Heilige Nacht von Ludwig Thoma reichen. Ein wenig flexibel musste man eben sein. Er war fast mit allen Vorbereitungen fertig, da ertönte die Türglocke. Er widerstand dem kurzen Impuls, sie einfach zu überhören und öffnete. Draußen stand der Mann, der über ihm wohnte. Er trug jetzt eine schwarze Hose, ein blaues Hemd mit Krawatte und grauem Jackett.

„Ich habe Ihre Musik gehört. Bach, nicht?"

„Oh, ist das so laut? Entschuldigung!"

„Nein, nein, kein Problem. Ich liebe Bach. Haben Sie wirklich ein ganzes Hähnchen im Ofen? Und war das mit der Einladung ernst gemeint?"

Er hob seine rechte Hand, in der sich wieder eine Stofftasche befand.

„Mögen Sie Punsch? Meine Freunde behaupten, dass mein Punsch sehr lecker ist. Ich habe alles dabei: Rotwein, Orangen, Gewürze, auch Tee in der Thermoskanne."

„Früher haben wir immer Punsch getrunken", antwortete Christoph und trat beiseite, „doch ganz ehrlich, ich sage Ihnen gleich. Ich will um 23:00 Uhr in St. Peter in die weihnachtliche Musik und danach in die Mitternachtsmesse gehen."

„Christmette? Hm? Warum nicht, aber wir nehmen ein Taxi, nicht den Bus."

ZACHARIAS KANN NICHT SCHWEIGEN

Gesegnet bist du mehr als alle anderen Frauen.
(Lukas 1,42)

Beinahe hätte ich sie nicht wiedererkannt, dabei hatte ich Maria erst vor vier Jahren gesehen, als wir ihre Entlassung aus dem Tempel gefeiert haben. Inzwischen war aus ihr eine junge hinreißende Frau geworden. Heute stand sie zusammen mit einem älteren Viehhirten und zwei Ziegen unversehens vor unserem Tor. Wundervoll, dass sie da war.

„Der Friede sei mit dir, Zacharias", grüßte sie. Weil ich nicht sprechen konnte, verneigte ich mich und lächelte.

„Vater schickt dir diese beiden Tiere als Geschenk."

Dann wandte sie sich an den Hirten.

„Danke, lieber Joa, dass du mich begleitet und beschützt hast. Ich bin sicher, Zacharias wird dir zu essen geben, danach kannst du gleich zurück nach Hause aufbrechen. Grüße meine Eltern und wie vereinbart, sag sonst keinem, wo ich hingegangen bin, ja?"

Was sollte das? Zwei Ziegen als Gastgeschenk? Das war mehr als großzügig. Und wie es schien, durfte niemand erfahren, dass Maria hier war. Warum nur? Hatte sie nicht das Recht, ihre Cousine zu besuchen? Aber ich konnte nicht sprechen und folglich nichts fragen, deshalb führte ich Marias Begleiter in die Küche, damit er zu essen bekam. Ihr selbst hatte ich mit ein paar Gesten klargemacht, dass sie Elisabeth im Garten finden würde.

Zwei Stunden später saßen wir zusammen beim Abendessen. Die beiden Frauen unterhielten sich über die Schwangerschaft – natürlich, schließlich war meine Gemahlin im sechsten Monat. Es ging ihr, von den üblichen Unpässlichkeiten abgesehen, gut. Der Engel Gabriel hatte recht behalten, aber wen wundert es, dass ich ihm nicht geglaubt hatte? Elisabeth war immerhin bereits achtunddreißig. Zum Glück hatte die lange Reise Maria ermüdet, sodass sie sich früh verabschiedete, um schlafen zu gehen. Ich war überaus neugierig und hoffte, meine Gattin hatte bei ihrem Gespräch unter vier Augen im Garten mehr herausbekommen. Jetzt, da wir allein waren, würde sie mir sicher alles erzählen. Warum brachte Maria zwei Ziegen als Geschenke mit? Ich zeigte Elisabeth zwei Finger und legte danach die Hände als Hörner an den Kopf. Meine Frau grinste, sie begriff gleich, was ich wissen wollte.

„Ja, zwei Ziegen, das ist außerordentlich großzügig von dem alten Joachim. Aber er kann es sich leisten, und Maria will ja neun Monate bei uns bleiben."

Ich habe sie wohl entgeistert angeschaut, denn sie begann plötzlich zu lachen.

„Oh, Zacharias! Du hast wieder einmal gar nichts begriffen, oder?"

So war sie. Den Finger in die Wunde legen und dann auch noch lauthals darüber sprechen. Ich hoffte, mein Sohn Johannes werde diesen Charakterzug nicht von seiner Mutter erben.

„Wir haben gerade ausschließlich über Schwangerschaften gesprochen. Hast du geglaubt, es sei dabei nur um mich gegangen? Nein. Es betraf auch Maria. Sie ist schwanger."

Ich konnte mir ein Grinsen nicht verkneifen. So, so! Der alte Josef hatte sich nicht gedulden können. Sei's drum, schließlich waren die beiden seit vier Jahren verlobt. Ich zwinkerte Elisabeth zu und formte mit den Händen einen langen Bart nach. Josefs Bart reichte ihm bis zum Bauch. Aber sie erwiderte mein Lächeln nicht.

„Das Kind ist nicht von ihm."

Ich wurde schlagartig ernst und starrte meine Frau an.

„Du willst wissen von wem? Sie hat gesagt, sie wolle dir das lieber persönlich erzählen. Lass uns zu Bett gehen."

Und damit war das Gespräch beendet. Zumal ich kaum Möglichkeiten hatte, sie zum Weitererzählen zu bringen – schließlich konnte ich sie nicht darum bitten.

Es dauerte drei Tage, bis ich alles aus Marias eigenem Mund erfuhr. Ich saß im Garten auf der Bank unter unserem Apfelbaum. Da kam sie zögernd auf mich zu und ließ sich neben mir nieder. Ich bemerkte, dass sie etwas in der Hand hielt: meine Schreibtafel.

„Es war ein Engel", begann sie, „der stand plötzlich bei mir im Zimmer und sagte, ich werde ein Kind empfangen.

Du kannst dir vorstellen, wie verängstigt ich war. Hast du schon mal einen Engel gesehen? Ach so, ja, na klar, du ja auch. Ich fragte ihn, wie das passieren soll, weil Josef und ich ja noch nie – du weißt schon, also wirklich nicht. Da meinte er, das sei nicht nötig. Der Heilige Geist werde über mich kommen. Das war sicherlich nur bildhaft ausgedrückt, denn ich habe davon nichts bemerkt, trotzdem besteht kein Zweifel, ich bin schwanger."

Sie schwieg, mehr hatte sie von sich aus nicht zu erzählen. Sie drückte mir die Schreibtafel in die Hand.

„Mama und Papa haben gemeint, es sei besser, wenn ich während der Schwangerschaft bei euch bleibe. Danach werden wir sehen. Ist das in Ordnung?"

Maria blickte mich eindringlich an. Ich lächelte sie an und nickte. Natürlich war das kein Problem. Wir waren eine Familie und mussten zusammenhalten. Aber was war mit Josef?

„Hat Josef die Verlobung gelöst?", schrieb ich auf meine Tafel.

Maria stand auf und schlug die Hände vor ihr Gesicht. Sie schluchzte.

„Josef hat mir nicht geglaubt. Er hat mich angeschrien! Kannst du dir vorstellen, dass der sanfte Josef schreit? Er hat ein paar hässliche Dinge gesagt und ist danach aus unserem Haus gestürmt."

Sie atmete tief durch.

„Als ich aufgebrochen bin, hatte er die Auflösung der Verlobung noch nicht gefordert. Aber vielleicht ist das inzwischen geschehen? Keine Ahnung, wie es mit ihm weitergeht."

Sie ließ sich wieder neben mich auf die Bank fallen und schwieg. Ich war in diesem Augenblick froh, dass ich stumm war, denn ich hätte nicht gewusst, wie ich sie trösten soll. Der Herr wird alles gut werden lassen? Na ja, der Herr hat seine Pläne, und ich begriff nicht, was er vorhatte.

Ich stellte mich darauf ein, dass Elisabeths Cousine fast ein Jahr bei uns bleiben würde. Sie tat ihr Bestes, um uns zu unterstützen. Leider war sie teilweise recht unerfahren und unbeholfen. Aber wenn es etwas mit Stoffen und Wolle zu tun hatte, blühte sie auf. Sie schnappte sich eines Tages meine Gewänder für den Tempeldienst und besserte sie aus. Genauer gesagt, sie besserte die Ausbesserungen meiner Frau nach. Hinterher merkte man kaum noch, dass die Kleidung vorher beschädigt gewesen war. Auch Babykleidung fertigte sie an und zeigte Elisabeth, wie das ging.

Ein Jahr wurde es dann aber doch nicht. Kurz vor der Geburt unseres Sohnes Johannes pochte es nachmittags am Tor. Weil ich die Knechte zum Vieh geschickt hatte, öffnete ich selbst. Es war Josef! Auch Elisabeth und Maria waren aus dem Haus getreten. Meine Frau legte ihren Arm um Marias Schulter, aber die riss sich los, stürmte auf Josef zu und umarmte ihn.

„Josef! Woher wusstest du, wo ich bin?"

„Joa", antwortete er nur. Ein Lächeln huschte über sein Gesicht, doch er erwiderte die Umarmung nicht. Was ging in ihm vor? Warum war er da? Wollte er doch die Verlobung lösen? Maria ließ los, tat einen Schritt zurück und starrte ihren Verlobten oder vielleicht ehemaligen Verlobten ängstlich an.

„Es kamen vor drei Wochen Boten nach Nazareth, Römer. Sie haben verkündet, dass wir uns mit unseren Familien in unserer Geburtsstadt in Steuerlisten eintragen sollen. Nicht sofort, erst im Dezember, wenn die Ernte eingebracht ist. Also: Wir müssen nach Bethlehem."

Maria atmete auf, er betrachtete sie also weiter als seine zukünftige Frau. Sie umarmte Josef erneut, der lächelte wieder – nun wärmer – und legte wenigstens seine rechte Hand auf ihren Oberarm. Maria ergriff diese Hand und zog ihn hinter sich her.

„Gehen wir in den Garten?"

Elisabeth und ich blieben im Hof zurück und schauten uns ratlos an. Dann drehte sich meine Frau um.

„Ich mach ihm was zu essen."

Sie bereitete heißen Hirsebrei mit Feigen zu und ließ ihn erstmal stehen. Er wurde kalt. Sie stellte ihn wieder auf das Feuer. Goss weitere Ziegenmilch dazu, damit er nicht zu fest wird. Nach, wie es mir schien, unendlich langer Zeit verlor ich die Geduld, nahm eine Schüssel und gab sie ihr. Elisabeth schüttelte lächelnd den Kopf über meine Ungeduld, doch sie füllte die Schale. Ich ging damit in den Garten.

Maria und ihr Verlobter saßen unter dem Apfelbaum, sie hielten eine Elle Abstand, und Josef hatte die Arme verschränkt, aber er lächelte mich an, als ich ihm die Breischüssel reichte. Schweigend begann er zu essen. Sollte ich wieder gehen? Das schaffte ich nicht, so blieb ich vor ihm stehen. Als die Schüssel leer war, gab er sie mir nicht zurück, sondern schaute mir in die Augen und sagte, als sei Maria nicht da:

„Weißt du, Zacharias, es wäre mir ja egal. Die Leute werden reden, aber wir sind verlobt, also sollen sie lästern. Nur die Vorstellung, dass ein Bursche durch Nazareth läuft und all seinen Freunden zuflüstert, dass mein Kind von ihm sei, die finde ich unerträglich."

Nun gab mir Josef die Schüssel.

„Sie bleibt starrköpfig bei dieser lächerlichen Erzählung von ihrem Engel. Wer soll das für bare Münze nehmen? Keinem Menschen erscheint heute noch ein Engel!"

„Doch", rief ich, „mir ist ebenfalls ein Engel erschienen. Es war Gabriel, derselbe Engel. Er hat gesagt, dass meine Frau schwanger werde, und ich habe es nicht geglaubt, deshalb hat er mich stumm werden lassen!"

Ich hätte gerne alles genauer erzählt, aber ich merkte, dass ich gerade gesprochen hatte, und erschrak darüber, und nun brachte ich wieder kein Wort heraus.

Josef und Maria schauten mich erstaunt an. Josefs Mine hellte sich mehr und mehr auf. Dann sagte er:

„Na, dieser Gabriel scheint ja einen Narren an eurer Familie gefressen zu haben."

Er stockte, rutschte weiter auf Maria zu und ergriff ihre Hand.

„Ich meine: an unserer Familie."

KOSTENLOS, ABER NICHT UMSONST

Er wird Butter und Honig essen bis er versteht, das Böse zu verwerfen und das Gute zu wählen. (Jesaja 7,15)

Jessica schlug sich gegen die Stirn. Wie konnte sie so blöd sein? Sie hatte ihre Monatskarte in der Ralph-Lauren-Handtasche gelassen, die sie gestern benutzt hatte, statt sie in das Valentino-Portemonnaie umzupacken, das heute in ihrer Gym Duffle Bag von Porsche Design steckte. Egal – sie hatte genug Zeit, deshalb zog sie sich einen Einzelfahrschein aus dem Automaten. Das ging so flott, dass sie nicht mal die nächste U-Bahn verpasste. Es war neun Uhr morgens, ziemlich früh für ihren Geschmack, denn sie war eine notorische Langschläferin. Aber das Fitnessstudio Active Fit-ix war seinem Betreiber Jan zufolge um diese Zeit eher überschaubar besucht, ideal für die Fotosession, die sie dort aufnehmen wollte.

Sie setzte sich auf einen leeren Viererplatz. Ihr gegenüber ließ sich ein schnuckeliger Typ in Jeans nieder. Er war um die zehn Jahre älter als sie. Sobald sie aus dem Fenster schaute, starrte er sie an. Das störte Jessica nicht. Sie war es gewohnt. Es gehörte sozusagen zu ihrem Job. Der Kerl kam ihr bekannt vor. Vermutlich nahm er wie sie diese Linie ziemlich oft – ach ja, er hatte gelegentlich eine Gruppe Jugendlicher bei sich, die nicht alle seine Kinder sein konnten. Vielleicht ein Lehrer?

Die U-Bahn hielt, und neben ein paar Fahrgästen stiegen an allen Türen die langweiligen Beamtentypen mit ihren auffälligen schwarzen Taschen ein. „Die Fahrkarten bitte!", ertönte es. Jessica kramte ihr Valentino-Portemonnaie heraus, in das sie den Fahrschein gesteckt hatte. Aber was war das? Oh, bin ich bescheuert!, dachte sie. Da war ja doch die Monatskarte. Wann hatte sie die umgepackt?

„Oh, bin ich bescheuert!", stöhnte auch der Lehrer vernehmbar. Da stand der Kontrolleur schon vor ihnen.

„Die Fahrkarten bitte!", wiederholte er.

„Ich befürchte, die habe ich vergessen", flüsterte Jessicas Gegenüber.

„Die hab ich eingesteckt, Liebling!", hauchte Jessica und reichte den übrigen Einzelfahrschein dem verdutzt schauenden Lehrer rüber. Dann präsentierte sie dem Kontrolleur ihre Monatskarte. Wie immer war der Spuk an der nächsten Station vorbei. Die Häscher zogen einen Wagen weiter.

„Danke, das war echt nett von Ihnen, äh, von dir – Liebling!"

„Sorry, sorry, ich wollte nicht übergriffig werden, aber wenn ich eine Rolle spiele, dann perfekt, oder?"

„Ja, toll! Trotzdem verstehe ich nicht ganz ..."

„Natürlich nicht. Ich hatte angenommen, ich hätte die Monatskarte nicht mit und mir deshalb einen Fahrschein gezogen, aber sie war doch im Portemonnaie."

„Versteht sich, dass ich die Karte zahle. Ich hatte meine tatsächlich vergessen."

„Ach Gott! Vergiss es. Ich habe letzte Woche den Fünfzigtausendsten gefeiert. Ich kann's mir leisten."

„Deinen was?"

„Meinen fünfzigtausendsten Follower. Ich bin Influencerin."

„Und davon kann man wirklich leben?"

„Hey und wie, Mensch! Ich bin gerade auf dem Weg in ein Fitnessstudio, um dort zu drehen. Meine Follower werden mir zuschauen, wie ich trainiere", sie streckte den Oberkörper vor und wackelte mit den Schultern, „und wie ich mit dem Besitzer und einigen ausgewählten, gut aussehenden Kunden flirte. Und als Zuschlag gibt es im Laufe des nächsten Jahres hundert individuelle Fünf-Sterne-Bewertungen bei Google. Von verschiedenen Nutzern natürlich." Jessica zwinkerte mit dem Auge. „Zehn- bis zwanzigtausend meiner Follower wohnen hier in der Gegend. Das lohnt sich für den Betreiber des Fitnessstudios. Und für mich!"

„Und das ist dein Lieblingsstudio?"

„Was? Nein, keine Ahnung. Ich gehe da zum ersten Mal hin. Wenn ich Sport treibe, dann im For-Her. Ich will doch nicht, dass mir irgendwelche Typen dabei zuschauen, wenn ich an meinen Problemzonen arbeite."

„Problemzonen? Hm. Ich bin übrigens Ralf."

„Oh ja, ich bin Jessi – Jessica. Und was machst du so, Ralf? Außer schwarzfahren?"

„Ich? Sozialarbeit. Ich betreue eine Wohngruppe von Jugendlichen, die auf die schiefe Bahn geraten sind, Drogen, Diebstahl, Körperverletzung, oder die sonst irgendwie Probleme haben, sich in die Gesellschaft einzugliedern."

„Du wohnst mit denen zusammen?"

„Immer mal wieder. Das ist alles ziemlich im Fluss. Ich mach das auch nicht allein."

„Super. Das klingt echt spannend."

Jessica schaute kurz aus dem Fenster. Sie waren an der nächsten Station angekommen. Sofort spürte sie Ralfs Blick. Ein bisschen creepy, aber was soll's? Plötzlich hatte sie eine Idee.

„Hey, diese Jungs wollen sich doch sicher gern mal auspowern. Habt ihr ein Abo für ein Sportstudio?"

„Bitte? Für ein Sportstudio? Nein, das ist im Budget nicht drin."

„Weißt du was? Ich besorg euch eines. Ich rede heute mit Jan und mit etwas Überzeugungsarbeit", sie lächelte süß und wackelte wieder mit den Schultern, „lässt er sich zu ein wenig Charity überreden. Ist gut für's Geschäft und gut für deine Jugendlichen. Wäre das was?"

Ralf zog die Augenbrauen hoch und sagte:

„Na ja, bin mir nicht sicher. Ich werde mit ihnen reden."

„Sie werden begeistert sein. Kannst du mir deine Nummer geben?"

An der nächsten Haltestelle musste Jessica aussteigen. Sie warf Ralf ein Lächeln zu und hüpfte davon.

Zwei Wochen später stand sie am frühen Nachmittag vor einem Reihenhaus, das so unauffällig war, dass sie kurz zweifelte, ob sie die korrekte Adresse notiert hatte. Sie hatte heute lange gebraucht, um sich für das richtige Outfit zu entscheiden. Sie durfte nicht zu aufgetakelt erscheinen, andererseits wollte sie vor fremden Typen auch Eindruck machen. Und hatte Ralf sie nicht ständig angestarrt? Also war es nicht ganz falsch, ein wenig verführerisch zu sein. Sie hatte sich schließlich für etwas Figurbetontes und mehr Make-up als ursprünglich geplant entschieden, das stärkte außerdem ihr Selbstbewusstsein.

Jan zu überreden, ein Freiabo herauszurücken, war schwieriger gewesen, als sie erwartet hatte. Er hatte zur Bedingung gemacht, dass immer nur einer der Gruppe kam, damit sein Studio nicht voller nicht-zahlender Gäste war, die vielleicht klauten oder sich sonst schlecht benahmen. Die Gefahr bestand bei sozialen Randgruppen natürlich. Das sah Jessica auch so. Sie hatte sich deshalb ein paar nette Sätze zurechtgelegt, um das den Jugendlichen klarzumachen. Ralf würde es vermutlich durchschauen, aber damit musste sie leben. Ihre Aufgabe jetzt war, da reinzugehen und die freudige Nachricht zu überbringen, dass sie ab sofort in diesem Studio, das nicht mal weit weg lag, trainieren durften. Sie setzte ihr süßes Lächeln auf und klingelte.

Es war nicht wie erwartet Ralf, der öffnete, sondern ein mit einer Cordhose und weißem T-Shirt ausstaffierter dicker Jugendlicher, der das Fitnessstudio wirklich dringend nötig hatte.

„Hi, ich bin Jessi!"

„Hm, klar, wer sonst – komm!", brummte er und stapfte in das Wohnzimmer voran. Dort saß an einem Schreibtisch ein Kerl in Tarn-T-Shirt und Militaryhose mit Glatze, dem sie nachts nicht gerne allein begegnet wäre. Er spielte ein Computerspiel und reagierte nicht, als sie eintrat. Dann hörte sie jemanden die Treppe herunterpoltern. Der junge Mann, der sich nun dazugesellte, sah dem Computerspieler zum Verwechseln ähnlich. Er trug dieselbe Kleidung.

„Hi, ich bin Jessi!", versuchte sie es nochmal und bemühte sich dabei, weiter mit großem Einsatz zu lächeln, wie sie es gewohnt war.

„Lukas", antwortete der Neue. Er setzte sich an einen Ess-tisch, auf den fein säuberlich umgedreht Gläser und eine Karaffe mit sprudelndem Wasser standen.

„Ralf kommt gleich", brummte der Dicke und ließ sich schwerfällig neben Lukas nieder. Dann starrte er so dreist auf Jessicas Ausschnitt, dass selbst sie es als unangenehm empfand. Schließlich hörte man wieder Schritte auf der Treppe.

„Jetzt reiß dich aber zusammen!" Das war Ralfs Stimme und Jessica atmete auf, dass sie nicht allein mit den Jugend-lichen war. Ralf betrat das Wohnzimmer gemeinsam mit einem muskulösen Burschen in Trainingshose und Adidas Sleeveless T-Shirt, das seine kräftigen Armmuskeln hervor-quellen ließ. Endlich einer, der zu Jessicas Zielgruppe ge-hörte. Sie strahlte ihn an:

„Hi, ich bin Jessi!"

„Hallo Liebling – ich bin Marcel."

Alle außer Ralf fingen an, lauthals zu lachen. Selbst der Computerspieler stand grinsend auf und kam zu ihnen an den Tisch.

„Nun seid mal nicht so unhöflich. Jessica, setz dich doch. Willst du was zu trinken? Mineralwasser?"

Sie nahm an einer Längsseite des Tisches Platz, die Jugendlichen reihten sich ihr gegenüber auf. Ralph blieb neben ihnen stehen.

„Habt ihr 'ne Cola light?"

„Bei uns gibt's kein light", brummte der Dicke, der seinen Namen noch nicht verraten hatte.

„Egal, dann Wasser."

Niemand rührte sich, bis Ralf Lukas scharf anblickte und auf den Krug deutete. Der zog die Augenbrauen hoch, doch er packte den Krug, füllte ein Glas und schob es Jessica zu. Die trank einen Schluck. Alle starrten sie dabei an. Trotzdem schaffte sie es, ihr Lächeln frisch aufzusetzen.

„Also, es gibt gute Nachrichten. Ich habe mit Jan verhandelt und der ..."

„Vergiss es! Wir wollen das nicht", unterbrach sie Marcel.

„Lass sie doch ausreden!", ermahnte Ralf.

„Schwachsinn! Wieso sollen wir uns den Stuss anhören. Wir sind uns alle einig, nicht wahr? Wir wollen das nicht."

Jessica war sprachlos.

„Warum denn? Es ist vollkommen kostenlos. Keine Abofalle oder so. Das macht Jan aus Freundlichkeit."

„Kostenlos, aber nicht umsonst", warf jetzt der Computerspieler ein.

„Genau", stimmte sein Bruder zu.

„Doch, ihr müsst nichts zahlen."

„Du veröffentlichst Werbung für einen Laden, den du nicht kennst. Du schreibst hundert Rezensionen, obwohl du nur eine bist. Das ist der Preis. Das ist Betrug, da machen wir nicht mit." Marcel hatte seine Hand zur Faust geballt. Seine Oberarmmuskulatur spannte sich.

„Da klau ich lieber einer alten Dame die Handtasche", flüsterte der Computerspieler. Er stand auf und wandte sich wieder seinem PC zu. Auch sein Bruder und Marcel erhoben sich und verließen den Raum. Nur der Dicke blieb sitzen und starrte weiter ihren Ausschnitt an.

Ralf setzte sich und schaute ihr in die Augen.

„Ja, Jessica, du siehst, wir haben lange diskutiert, seit du vorgestern angerufen hast. Ich habe mich da nicht eingemischt, aber ich glaube, die Jungs sind auf dem richtigen Weg."

WARUM NICHT?

Und das Licht leuchtet in der Finsternis. (Johannes 1,5)

Nils versuchte, geräuschlos um das Krippenspiel herum-
zuschleichen, doch seine Schritte knirschten aufdringlich
auf dem Kiesweg. Er war ihn tausendmal gegangen, und oft
war er an der Schafweide mitten in der Stadt stehen geblieben, um die Tiere zu beobachten oder sie zu malen. Dass
heute Nachmittag hier ein Krippenspiel stattfinden würde,
hatte er nicht geahnt. Die Kinder, die Maria und Josef, Hirten und Engel spielten, sprachen trotz Mikrofon meist sehr
leise, umso gebannter waren die Blicke und Smartphones
der umherstehenden Mamas und Papas auf sie gerichtet.

Nils setzte sich auf eine Bank, die etwas abseits stand.
Seine Eltern würden heute auch die Messe besuchen. Er
hatte nicht die geringste Ahnung, wann, denn seit dem
großen Krach vor drei Jahren hatte er keinen Kontakt
mehr zu ihnen. Schließlich zog er seinen Skizzenblock
und Stifte aus der Tasche und begann, das Krippenspiel zu
zeichnen. Stets wenn er niedergeschlagen war, zeichnete er.

Er zeichnete in den letzten Monaten sehr oft, das half nicht gegen die Traurigkeit, doch es lenkte ab. Wie immer wurde das Bild düster. Das lag teilweise am Bleistift auf dem weißen Papier, aber mehr noch daran, wie er zurzeit die Welt sah. Hinter dem Stall ragte eine abbröckelnde Mauer nach oben. Er gestaltete sie deutlich höher als in echt. Auch den Zaun, der die Tiere umschloss, hob er hervor. Alles war ausweglos.

Plötzlich hörte er ein Knirschen im Kiesweg. Eine alte Dame kam langsam auf ihn zu. Sie stützte sich auf einen lila Alustock. Kurz darauf stand sie vor ihm und deutete auf die Bank.

„Darf ich mich zu Ihnen setzen? Ich kann nicht länger stehen."

„Klar", antwortete Nils, „ist aber kalt."

„Na, als Winter kann man das ja heute nicht mehr bezeichnen. Und ich bin ausreichend gepolstert."

Mit ihrer freien Hand klopfte sie auf ihre Hüften, die ihr dicker Daunenmantel allerdings überdeckte. Sie ließ sich ächzend neben ihm nieder. Dann starrte sie in Richtung Krippenspiel.

„Mein Enkel ist der kleine Hirte ganz rechts."

Nils sah auf. Ja, den hatte er schon gezeichnet. Er bemerkte:

„Man versteht hier kaum noch etwas."

„Das macht nichts. Er hat keinen Text, und ich kenne die Geschichte."

Sie warf einen Blick auf seinen Skizzenblock.

„Ein düsteres Bild."

Nils war überrascht von so viel Direktheit. Die meisten Menschen sagten eher etwas wie „Sie können aber gut zeichnen" oder zumindest „Aha, Sie zeichnen".

„Na ja, so ist die Welt", entgegnete er. Die alte Dame antwortete nicht, sondern blickte ihn lange von der Seite an. Er musste das wohl näher erklären.

„Ich bin seit August arbeitslos. Ich habe die Gesellenprüfung als Maler und Lackierer zwar bestanden, aber die haben mich nicht übernommen."

„Maler und Lackierer?", murmelte die Dame.

„Ja, ja, Wände streichen, Tapezieren und so Sachen. Konnte ich ganz gut, hatte jedoch oft Stress mit dem Meister und auch mit Kunden."

Sie schaute auf das Bild und dann blickte sie ihn wieder von der Seite an.

„Ich hätte mehr daraus machen können, das gebe ich zu, aber ohne Abi? Ich habe in der Zwölften abgebrochen. Meine Kumpels haben alle gearbeitet und eigenes Geld gehabt. Da wollte ich nicht weiter in der Schule sitzen und büffeln wie ein kleiner Junge. Chemie und Erdkunde! Wen interessiert das schon? Da bin ich von zu Hause ausgezogen und habe die Lehre angefangen. War 'ne geile Zeit. Wir haben viel gefeiert. Na ja, ist vorbei."

„Warum?"

Nils seufzte. Er hatte immer gedacht, die Typen, mit denen er zusammen war, seien Freunde, aber so tief war das nicht gegangen.

„Ohne Geld keine Party. Wer nur schnorrt, hat bald niemanden mehr. So einfach ist das. Solange ich noch Arbeitslosengeld kriege, reicht es gerade für die Wohnung und Essen."

Die alte Dame schaute ihn wieder von der Seite an, sagte jedoch nichts.

„Ich weiß schon, was Sie denken. Der könnte ja arbeiten, notfalls schwarz! Maler sind schließlich gesucht. Klar, könnte ich. Will ich aber nicht. Wer möchte denn sein ganzes Leben lang Wände streichen? Ich wäre gerne Künstler. Echte Bilder schaffen. Kreativ sein. Doch das werde ich nie."

„Warum nicht?"

„Weil ich kein Abi habe und mich deshalb nur schwer an der Kunsthochschule bewerben kann. Ich kann ja kaum das Abitur nachmachen."

„Warum nicht?"

„Wie denn? Wie soll ich das finanzieren? Wo wohnen? Bei meinen Eltern vielleicht?"

„Warum nicht?"

„Weil es eben einen riesen Krach gegeben hat, als ich die Schule geschmissen habe. Glauben Sie etwa, die freuen sich, wenn ich zurückkomme?"

„Warum nicht?"

Nils kam nicht mehr dazu zu antworten, denn das Gespräch wurde von aufbrausendem Beifall unterbrochen. Das Krippenspiel war zu Ende. Die jungen Schauspieler stürmten auf Mama und Papa zu und fielen ihnen in die Arme. Auch der Hirtenjunge, der der Enkelsohn seiner Gesprächspartnerin war, lief zu seinen Eltern. Die Familie stand im Licht eines Scheinwerfers. Von der Ferne konnte man erkennen, dass er begeistert auf sie einredete. Der

Vater ging in die Knie, um genau zu verstehen, was er erzählte. Die alte Dame erhob sich.

„Ich wünsche Ihnen alles Gute und frohe Weihnachten!", sagte sie und schlich gestützt auf ihren Stock in Richtung ihrer Familie davon.

Sollte Nils wirklich zu seinen Eltern zurückkehren? Heute an Weihnachten? Warum nicht? Ja, warum eigentlich nicht?

CAPRINAEL UND MÄÄH

Fremde bauen deine Mauern ... (Jesaja 60,10)

Also, ich bin ein Schaf – ja, das können Sie ruhig glauben! Mein Hirte hat sogar einen Namen für mich. Aber Mutter nennt mich immer „Määh" mit einem langen, stockend gesprochenen „ää". Das finde ich viel schöner, und abgesehen davon kann ich mir den anderen Namen nie merken, deshalb bin ich früher einfach genau dahin gelaufen, wohin der Rest der Herde gezogen ist. Daran ist nichts Besonderes. Doch etwas Außergewöhnliches ist an mir, sonst bräuchte ich gar nicht erzählen: Ich war an der Krippe, als Jesus zur Welt kam, und nochmal am Tag darauf und dann nochmal, wieder einen Tag später und wiederum nochmal ... also kurz gesagt, ich war zwölfmal an der Krippe. Und das kam so:

Wir waren an diesem Tag zu vorgerückter Stunde in den Pferch gekommen, denn ein Vetter von mir hatte sich verlaufen, sodass zwei der Hirten nach ihm suchen mussten. Wir anderen hatten die Zeit für ein ausführliches Abendessen genutzt, waren dann aber froh, im sicheren Gehege angekommen zu sein und ausruhen zu können. Unser Pferch war nicht nur von ein paar krummen Ästen umgeben, die uns daran hinderten davonzulaufen (wenn einer von uns Lust dazu gehabt hätte), sondern von einer richtigen Mauer aus Steinen, hoch genug, um Wölfe abzuhalten. Hier konnten wir ruhig schlafen.

Daraus wurde allerdings an dem Tag nichts. Die Hirten am Lagerfeuer unterhielten sich nicht wie sonst flüsternd miteinander, sondern aufgeregt und laut. Außerdem leuchtete dieses neue Gestirn am Himmel so gleißend, dass man nicht recht wusste, ob überhaupt bereits Nacht war. Und dann kamen auch noch diese Engel. Es war eine ganze Herde. Sie strahlten klarer als der Stern, und sie sangen – viel reiner als die Hirten jemals zuvor. Nachdem sie wieder verschwunden waren, erschrak ich fürchterlich, denn selbst die Menschen verließen uns. Kein einziger blieb als Wache zurück. Wenn nun Wölfe kamen? Oder gar ein Löwe? Ich presste mich an die Mauer, weil sie mir Sicherheit vermittelte, konnte jedoch im Gegensatz zu den anderen Schafen nicht einschlafen. Irgendwie war ich neugierig, wohin die Hirten und die Engel gegangen sind. Ich stellte mich deshalb an der Steinmauer auf die Hinterbeine und spähte hinüber. Aber die Zweibeiner waren schon so weit weg, dass ich nichts mehr erkennen konnte.

Kurz bevor mir die Kraft ausging – auf zwei Beinen zu stehen ist anstrengend –, bemerkte ich, dass wir gar nicht allein waren. Einer der Engel war zurückgeblieben. Er hatte mich gesehen, und im gleichen Augenblick, in dem ich wieder sicher auf allen vieren stand, tauchte er neben mir auf. Er hatte ein strahlend weißes Fell, viel reiner als das meiner Geschwister, und goldene Flügel. Hatten die Hirten eigentlich auch Flügel? Ich hatte nie darauf geachtet.

„Der Friede sei mit dir, kleines Schaf. Wie heißt du denn?"

„Meine Mutter nennt mich Määh und wie heißt du?" Ich erschrak über mich selbst, dass ich ihn so forsch nach seinem Namen gefragt hatte, aber er hatte ja das Gespräch begonnen.

„Ich heiße Caprinael. Ich bin hiergeblieben, um auf euch aufzupassen."

„Ist ein Wolf in der Nähe?"

„Nein, nein, keine Angst. Es ist die Nacht, in der die Wölfe Gras fressen."

Vermutlich machte er Scherze. Wölfe fressen kein Gras, sondern Schafe. Das hatte uns unsere Mutter tausendfach eingebläut.

„Und wo sind die Hirten hin?"

Der Engel lächelte, und ich hatte das Gefühl, es werde heller dadurch.

„Willst du es sehen?"

„Oh ja, gerne."

„Soll ich dich aus dem Pferch lassen?"

„Aus dem Pferch lassen! Nein! Auf keinen Fall! Die Mauern schützen uns."

„Die Hirten sind ohne Mauern losgezogen", entgegnete Caprinael.

„Menschen brauchen keine Mauern."

„Oh, da irrst du dich. Die Mauern der Menschen sehen nur anders aus, aber sie engen genauso ein. Ein Hirte bleibt ein Hirte. Ein Mensch lebt so, wie die Mitmenschen es von ihm erwarten, strebt nach Reichtum, nach Sicherheit, nach einem großen Haus, und wer das nicht will, hat es schwer."

„Aber das schützt die Menschen doch nicht." Ich wusste nicht, ob ich den Engel richtig verstanden hatte. Von Mauern hatte er nicht wirklich gesprochen.

„Meine Mauer behütet mich vor den Wölfen."

„Und trotzdem würdest du gerne sehen, wo die Hirten hin sind?"

„Ja, schon."

„Na, dann nimm deine Mauer einfach mit."

Ich glaubte, mich verhört zu haben. Meine Mauer mitnehmen? Wie sollte das denn gehen? Caprinael sah, dass ich zweifelte, doch er lächelte wieder sein helles Lächeln.

„Komm mit", flüsterte er und ging los in die Richtung, in die die Hirten gezogen waren. Ich trottete ihm zögerlich nach, und was ich kaum glauben konnte: Die Mauer begleitete uns. Ich war plötzlich umgeben von einem kleinen Pferch, der mit mir ging, der stehen blieb, sobald ich stoppte, der beschleunigte, wenn ich schneller wurde. Der Engel schritt vor mir her. Meine Geschwister waren verschwunden.

Schon bald erreichten wir einen Stall nahe der Stadt Betlehem. Dort trafen wir auf die Hirten. In zehn Schafslängen Entfernung blieb das Gehege stehen, weit genug weg, dass den Menschen nichts auffiel. Ich stellte mich auf die Hinterbeine, spähte über die Mauer und schaute in die Richtung, in die alle sahen. Da waren ein Mann und eine junge Frau und ein winziges Menschenlamm, das in einer

Krippe lag. Ich hatte den Eindruck, dass das Kind leuchtete wie das Lächeln des Engels. Es zu sehen machte glücklich. Leider konnte ich nicht lange auf zwei Beinen stehen. Als ich mich wieder auf alle viere fallen gelassen hatte, war der Engel verschwunden, und ich stand im alten Pferch mit all meinen Geschwistern. Eine halbe Ewigkeit konnte ich nicht einschlafen, weil mir das Baby nicht aus dem Kopf ging.

Am nächsten Tag brachen wir erst spät zu unseren Weiden auf. Vermutlich hatten auch die Hirten kaum geschlafen, deshalb zogen wir nicht weit. Eigentlich hatten wir die Stelle schon vor einigen Tagen abgegrast. Mir war es recht. Erstens hatten wir ja gestern genug gefressen und zweitens war ich müde. Als ich versuchte, einigen meiner Geschwister von meinem Abenteuer der letzten Nacht zu erzählen, lachten die mich nur aus. Ich hätte geträumt.

Gar nicht! Und das merkte ich, als es das nächste Mal dunkel geworden war. Diesmal blieben die Hirten bei uns am Pferch, doch der Engel Caprinael erschien mir wieder.

„Der Friede sei mit dir, Määh", sprach er, „hast du deinen Ausflug gestern genossen?"

„Oh ja, sehr, aber ich habe das Kind viel zu kurz gesehen."

„Willst du nochmal hin?"

„Ja! Ist denn das möglich?"

„Natürlich. Soll ich dir den Pferch öffnen?"

Ich erschrak. Warum wollte er mich in Gefahr bringen?

„Nein. Wenn die Mauer nicht da ist, fressen mich bestimmt die Wölfe."

„Na, dann komm!", sagte der Engel erneut und schritt wie am Tag vorher los. Wieder lösten sich die Mauern und begleiteten uns. Diesmal stoppten wir näher an der Krippe. Nochmal stellte ich mich auf die Hinterbeine und spähte über die steinerne Umzäunung. Es war wie gestern. Der Anblick des Kindes machte mich froh. Nur waren heute keine Hirten da, sondern der Wirt des Goldenen Sterns, dem einzigen Gasthaus in Betlehem. Auch ihm fiel nicht auf, dass sich hier plötzlich ein Pferch befand, der am Tag vorher noch nicht da gewesen war. Ich strengte mich an, möglichst lange auf zwei Beinen stehen zu bleiben, aber irgendwann ging mir die Kraft aus, und sobald ich wieder auf allen vieren stand, war ich zurück im Gehege bei meinen Geschwistern.

Das Gleiche passierte am nächsten Tag. Der Engel kam, fragte, ob er die Pforte öffnen solle, und begleitete mich, nachdem ich verneint hatte, mitsamt der Mauer zu dem Kind. Ich wäre so gerne ganz nah bei ihm gewesen. Es strahlte Glück und Frieden aus. Ich hätte am liebsten an ihm geschnuppert und an seiner Hand geleckt, doch dazu war ich stets zu weit weg. Und wie schon erwähnt, ging das viele Nächte lang so.

In der zwölften Nacht kam Caprinael ein wenig später.

„Der Friede sei mit dir, Määh. Heute ist etwas Neues geschehen. Die Heiligen Drei Könige sind gekommen."

„Die Heiligen Drei Könige?"

„Ja, weise Menschen, die dem Kind huldigen."

„Da würden wir wahrscheinlich stören, wenn wir dazukommen?" Es war also vorbei mit unseren nächtlichen Ausflügen. Natürlich musste das irgendwann enden.

„Nein, wir stören nicht. Soll ich dir die Pforte öffnen?"

Wieder und wieder diese Frage. Ich schüttelte ganz vorsichtig den Kopf und schon schritt der Engel mitsamt meiner Mauer los zum Stall und der Krippe. Als wir angekommen waren, sprang ich nicht gleich auf die Hinterbeine, sondern schaute Caprinael an.

„Haben die Heiligen Drei Könige auch eine Mauer?"

„Nein", antwortete der Engel, „sie haben keine Mauer. Sie haben all ihre Mauern und Sicherheiten abgerissen, als sie sich auf den Weg machten, um den Sohn Gottes zu suchen. Sie wussten nicht, ob sie ihn finden würden. Man hat versucht, sie hereinzulegen und sie als Spione einzusetzen, doch all das war für sie nicht bedeutungsvoll."

„Ich wünschte, ich hätte genauso viel Mut, um ganz nah bei dem Kind sein zu können", sagte ich zu dem Engel. Aber der war gar nicht mehr da. Und auch die Mauer war weg. Ich stand unmittelbar vor der Krippe, direkt hinter drei prächtig gekleideten Menschen, die vor dem Menschenlamm knieten. Ich schlich mich um sie herum in den Stall hinein. Das Kind drehte seinen Kopf und lächelte mir zu. So blieb ich in der Nacht dort. Erst am nächsten Morgen kehrte ich allein zu meinen Pferch zurück und traf gerade dann auf die anderen, als die sich auf den Weg zu den Weiden machten.

LEERE UND FÜLLE

Das Gras verdorrt, die Blume verwelkt, doch das Wort unseres Gottes bleibt in Ewigkeit. (Jesaja 40,8)

Roxanna saß im Lotussitz und bemühte sich angestrengt, den Anweisungen des Meditationslehrers zu folgen: aufrechte Haltung, innere Spannung, aber bloß nicht darauf konzentrieren oder zumindest nur ein bisschen, jedenfalls lieber auf die Körperwahrnehmungen als auf all die Gedanken, die sie beherrschten. Etwa, ob sie es schaffen würde, rasch genug wieder fit zu werden, um Weihnachten daheim mit ihrem Sohn Emil und ihrem Ehemann Rüdiger zu feiern, und ob Dr. Becker, ihr Kollege bei der BioPlain AG, ihre letzten Forschungsergebnisse für die Bewerbung zum Future-one-Award ohne sie überzeugend darstellen würde.

Sie hatte ihren Hausarzt fast ausgelacht, als er die Diagnose Burnout verkündete. Sie hatte ihn nur konsultiert, um sich stärkere oder andere Tabletten gegen ihre Migräneanfälle verschreiben zu lassen. Aber er kannte sie seit zwanzig

Jahren und hatte nachgefragt. Ständige Müdigkeit? Ja, was denn sonst? Sie hatte einen sechsjährigen Sohn und einen verantwortungsvollen Job. Schlafprobleme? Nun gut, ja, eigentlich seltsam, wo sie doch dauernd müde war. Antriebslosigkeit? Klar, deshalb wurde sie nie fertig, daher kam ja der Stress. Niedergeschlagenheit? Kaum zu vermeiden, wenn man auf keinen grünen Zweig kam, weder im Beruf noch in der Familie, wenn alle immer sagten, man solle die Ansprüche nicht so hochschrauben. Selbstmordgedanken? Nein, also wirklich nicht, jedenfalls sehr selten.

Seit vier Wochen saß sie nun in dieser Rehaklinik im Voralpenland fest, und die Ärzte hatten ihr alles verboten. Kein Internet, keine Kontakte mit der Firma, nur einmal am Tag kurz daheim anrufen. Nicht mal Besuch durfte sie haben, und wenn, höchstens ein paar Stunden am Wochenende. Es war höllisch langweilig! Und dennoch verbesserte sich ihre Stimmung nicht. Sie konnte weiterhin nicht durchschlafen, weil sie natürlich ständig an all das denken musste, was nun in der Firma liegen blieb. Abschalten, alles zurücklassen – das sagte sich leicht.

Wenigstens klappte das Meditieren allmählich besser. Sie hatte einen Trick für sich gefunden: Normalerweise saßen bei der Gruppenmeditation sieben im Kreis und schauten auf eine gemeinsame Mitte. Weil aber der Saal bodentiefe Fenster hatte, war sie auf die Idee gekommen, sich umzudrehen und nach draußen ins Grüne zu schauen. Nun war der Park im Dezember nicht mehr wirklich grün, doch es gab eine Futterstelle für Amseln und Spatzen. Wenn sie sich darauf konzentrierte, konnte sie abschalten. Das klappte zumindest solange alle absolut still waren. Sobald sich einer der anderen Teilnehmer räusperte oder sich geräuschvoll bewegte, wurde sie herausgerissen, also meist so nach fünf Minuten.

Raphael, ihr Therapeut, hatte die Losung ausgegeben, man solle sich darauf konzentrieren, leer zu werden, alles abzustreifen, nichts mehr zu spüren, aber trotz ihrer Fortschritte schaffte sie das kaum, und wenn, dann für eine Minute und dann kam der Gedanke: Super! Jetzt habe ich es! Darf ich nun nach Hause? Sie war sich aber absolut unsicher, ob sie darüber sprechen sollte oder nicht. Sie wollte sich die Chancen auf die Entlassung vor Weihnachten nicht verspielen.

Aber es half ohnehin nichts. Am 19. Dezember hatte sie den entscheidenden Termin beim Chefarzt. Der schaute sich, während sie dasaß und die Beine von links nach rechts und wieder zurück überschlug, die Befunde seiner Kollegen an. Dann sagte er:

„Ja, das ist alles eindeutig. Ich habe gute Nachrichten für Sie."

Er legte die Papiere auf seinen Schreibtisch und verschränkte die Arme. „Ihre Krankenkasse hat nochmal vier Wochen Verlängerung genehmigt. Wir sind uns nicht sicher, ob das reichen wird."

Roxanna schossen die Tränen in die Augen, schnell wischte sie diese beiseite und sagte: „Oh!"

Diese Nachricht trug nicht gerade zu ihrem inneren Gleichgewicht bei. Der Arzt bemerkte es. Er stand auf und legte ihr eine Hand auf die Schulter.

„Nun verzweifeln Sie nicht. Ich hatte Ihnen ja gesagt, dass ein Burnout nichts ist, was man mit zwei oder drei Tabletten und einige Tage darüber schlafen heilen kann."

„Aber mein Sohn hat sich auf ein gemeinsames Weihnachten gefreut. Wir haben immer zusammen gefeiert, außerdem ..."

„Und wer schmückt die Wohnung?"

„Bitte?"

„Wer schmückt den Baum, stellt die Deko auf? Wer kauft die Geschenke? Wer kocht, putzt? Kommen Gäste?"

„Nein, nein, keine Gäste. Jedenfalls muss das nicht sein. Und mein Mann schafft das alles."

„Kann er das denn?"

„Ja natürlich. Er macht sehr viel im Haushalt. Bei uns bin eher ich der Karrieretyp."

„Nun gut. Dann fahren Sie am 23. und kommen am zweiten Feiertag wieder. Aber ich will nicht, dass wir nach dem typischen Weihnachtsstress von vorne anfangen müssen."

Roxanna wäre ihm am liebsten um den Hals gefallen. Weihnachten auf Kur hätte sie schrecklich gefunden.

Am Tag darauf hatte sie nach dem Mittagessen zwei Stunden frei. Weil sie keine Lust hatte, sich mit den immer gleichen Mitpatienten zu unterhalten, zog sie sich in ihr Zimmer zurück, um zu lesen. Auf ihrem Bett lag ihre schwarze Handtasche. Die war so geräumig, dass sie darin einiges transportieren konnte – zu Hause Unterlagen von der Arbeit, hier vielleicht Weihnachtsgeschenke? Aber das durfte sie ja nicht. Geschenke würde Rüdiger besorgen, wie sie ihrem Arzt versprochen hatte. Andererseits war Bummeln durch den Ort nicht wirklich Stress. Sie musste ja nichts kaufen, nur falls ihr etwas für ihren Mann und vor allem für ihren Sohn über den Weg laufen sollte.

Eine halbe Stunde später stand sie vor dem kitschigsten Andenkenladen, den man sich vorstellen konnte, bayerischer Nippes überall: Neuschwanstein, Bierkrüge, Lederhosen, Bilder von König Ludwig, ein Stoff-Wolpertinger, Enzian mit Schnapsgläschen ... Obwohl, dieser Hase mit Entenflügeln, Schnabel und Hirschgeweih war süß. Das wäre was für Emil. Und Rüdiger trank ab und zu Grappa nach dem Essen. Was sprach eigentlich gegen Enzian?

Zehn Minuten später hatte sie ihre Weihnachtsgeschenke, ganz ohne Einkaufsstress, wenn alles auch ein wenig zweite Wahl war. Nun blieb bis zur nächsten Therapiesitzung genug Zeit, um durch den Ort zu bummeln, den sie noch nicht wirklich erkundet hatte, weil sie zu sehr mit sich selbst beschäftigt gewesen war. Sie kam an der Kirche vorbei, und da sie schon mal hier war, schaute sie hinein.

Hier schien sich der kitschige Andenkenladen nahtlos anzuschließen: bayerischer Barock. Da war ein ausuferndes Deckengemälde mit weißblauem Himmel, pausbäckigen Engelchen, die auch überall als Reliefs zu finden waren, und einem Heiligen, den sie nicht kannte, der kopfüber an einem Kreuz hing. Das Bild im Altar zeigte Maria, die auf eine Schlange trat. Es war eingerahmt von goldenen Säulen und wieder unzähligen Heiligen und Engeln. Den gekreuzigten Jesus fand sie am linken Seitenaltar, eher etwas abseits. Unter ihm stand ein goldenes Schränkchen, und eine rote Laterne brannte schräg darüber.

Sie hatte keine Ahnung, was all das genau bedeutete, aber es war heimelig. Im Augenblick war sie allein, deshalb setzte sie sich auf eine der vorderen Bänke, um alles zu betrachten. In der stillen Atmosphäre dieser Kirche konnte sie abschalten und ihre Probleme vergessen.

Ihr Meditationstherapeut Raphael kam ihr in den Kopf und seine Losung, man solle sich beim Meditieren darauf konzentrieren, leer zu werden, alles abzustreifen, nichts mehr zu spüren. Konnte sie das hier versuchen? Es war still, kein Mensch weit und breit. Ihr Blick fiel auf die rot flackernde Laterne und wanderte weiter zu dem Gekreuzigten. Blut tropfte aus seiner Seite und den Wunden, die die Dornenkrone verursacht hatte, das war nicht der ideale Anblick, um abzuschalten. Das rote Licht dagegen schon, wenn sie sich auch von Christus am Kreuz angeschaut fühlte. Sie schloss die Augen und versuchte, auf ihren Körper zu achten: aufrechte Haltung, innere Spannung, aber bloß nicht darauf konzentrieren. Im Sitzen statt im Schneidersitz war das ungewohnt. Roxanna öffnete die Augen wieder. Vor ihr gab es eine gepolsterte Kniebank. Sie schaute sich um. Sie war immer noch allein in der Kirche – ach was soll's. Sie ließ sich nach vorne rutschen und kniete sich hin, stützte sich dabei weiter mit dem Po auf der Sitzbank ab. So war es recht bequem. Erneut schloss sie die Augen und versuchte, leer zu werden, ihren Körper nicht mehr zu fühlen. Aber es verlief anders. Plötzlich nahm sie sich vielmehr als „gefüllt" wahr, gar nicht so, wie sie es beim Meditieren gelernt hatte. Sie ließ es zu, schließlich stand nirgends ein Trainer, der ihr sagte, wie es korrekt sein sollte. Im Gegenteil, hier fühlte es sich richtig an, hier konnte sie sich in dieses Gefühl vertiefen, frei von Ablenkung. So verharrte sie lange halb kniend in der Kirchenbank, ohne zu spüren, wie die Zeit verging. Bis sie irgendwann eine Männer- oder tiefe Frauenstimme hörte.

„Schön, dass du da bist."

Sie drehte sich erschrocken um. Sie war nicht mehr allein. Hinten in der Kirche bauten zwei ältere Herren und drei grauhaarige Frauen eine Krippe auf. Sie lärmten dabei ziemlich, redeten laut miteinander und waren bereits recht weit gekommen. Wieso hatte sie die fünf nicht vorher bemerkt? Und hatte eine der Damen eine andere gerade mit diesen Worten begrüßt? Hatte die Stimme nicht tiefer geklungen? Roxanna schaute auf die Uhr. So spät! Sie hatte schon die ersten zehn Minuten ihrer nächsten Anwendung verpasst.

NUR EIN DÖNER FÜR MARIA UND JOSEF?

Er kam in sein Eigentum, aber die Seinen nahmen ihn nicht auf. (Johannes 1,11)

Es war der 22. Dezember. Kai hätte genauso gut zu Paps fahren können, jetzt wo Mia weg war. Aber wie sollte er seinem Bruder Simon und seiner Schwägerin Elke erklären, warum sie ihn verlassen hatte?

„Wisst ihr, sie fand mich zu lasch. Sie meinte, sie könne nicht auf Dauer mit jemandem leben, den sie ständig antreiben muss, um was zu erleben."

Simon hätte gelacht und gelästert, dass er das ja auch immer sage, der alte Streber, Paps Liebling. Sollen sie mit ihren beiden drolligen Zwillingen die Familienfeier abhalten. Er würde Silvester vorbeikommen. Mit etwas mehr Abstand. Paps feierte den Jahreswechsel stets mit zwei alten Freunden aus der Nachbarschaft, da konnte sich Kai je nach Stimmung dazugesellen oder sich in seinem alten Kinderzimmer verkriechen.

Kai stand vom Sofa auf und ging hinüber in Mias leerge-
räumtes Zimmer. Das Futonbett hatte sie dagelassen, weil
es ihr zu hart war und sie es bei ihren Eltern nicht brauchte.
Sie war tatsächlich zurück zu Mami und Papi gezogen. Vermutlich würden die beiden ihre Entscheidung nicht guthei-
ßen. Kai hatte sich hervorragend mit ihnen verstanden. Er
war bei der Bio-Gigant AG für die Qualitätssicherung ver-
antwortlich. Das war ja nun kein schlechter Job für einen
Schwiegersohn in spe.

In der Küche erinnerte eine Pflanze an Mia, ein Weih-
nachtsstern, den er ihr geschenkt hatte. Er hatte leider die
meisten Blätter verloren. Kai tupfte mit dem Finger in die
Erde. Die war ziemlich feucht, trotzdem goss er ein volles
Wasserglas nach, vielleicht rettete ihn das über die Feiertage.
Sonst gab es in der Wohnung keinerlei Dekoration. Dafür
war die letzten drei Jahre Mia zuständig gewesen. Er hatte
zwar überhaupt keine Lust auf Weihnachten, aber er hörte
wieder ihren Vorwurf, dass er zu untätig sei. Kai ballte die
Faust, das war so ungerecht! Er trottete hinunter in das Kel-
lerabteil und holte seine Schachtel mit Weihnachtsschmuck
herauf. Als er sie oben in der Wohnung öffnete, war nicht
viel drin, nur zwei tellergroße Strohsterne und ein fertig
geschmückter Plastikchristbaum, den er sich am Anfang
seines Studiums gekauft hatte. Das war besser als nichts. Er
stellte ihn in der Küche auf ein Beistelltischchen und steckte die fest installierte Lichterkette über eine Funksteckdose
an, sodass er die Kerzen bequem mithilfe einer Fernbedie-
nung einschalten konnte. Er prüfte, ob alles funktionierte,
aber brennen lassen wollte er sie erst am Heiligen Abend,

obwohl es heimelig aussah, denn draußen dämmerte es bereits, und es schneite sogar ein wenig.

Schließlich kehrte er in sein Zimmer zurück. Sollte er sich über Spotify eine Weihnachtslieder-Playlist anhören, um sich von seinen düsteren Gedanken abzulenken? Nein, er hatte eine bessere Idee. Im Schrank lag die alte Zither. Er hatte als Kind und Jugendlicher Zitherspielen gelernt, sie aber, weil Mia das Instrument als peinlich bezeichnete, nur noch an Weihnachten herausgeholt. Er liebte alpenländische Weihnachtslieder, so viel Kitsch musste erlaubt sein. So schnappte er sich die Zither und die Noten und begann zu zupfen. Nach zwanzig Minuten war er wieder drin. Was man so oft gespielt hat, das verlernt man nicht.

Er versuchte sich gerade an „Kommet ihr Hirten", da läutete es an der Wohnungstür. Kam Mia zurück? Kai sprang auf und öffnete, doch draußen stand nur ein sehr seltsames Pärchen, beide jünger als er, beide trugen fleckige und teilweise zerrissene Jeans, er einen olivgrünen Parka und einen enormen zerschlissenen Rucksack auf dem Rücken. Sie hatte eine für diese Jahreszeit zu dünne graue Jacke an und schob einen runden Bauch vor sich her. Sie war offensichtlich schwanger. Der Mann fing gleich zu reden an.

„Hi, hättest du ein Plätzchen frei heute Nacht für uns? Wir sind auf dem Weg zu unseren Eltern."

„Zu meinen Eltern!", unterbrach ihn seine Partnerin.

„Ja, klar, zu deinen Eltern. Jedenfalls, wir sind getrampt, weil wir kein Geld für die Bahn haben und sind nicht weiter gekommen als bis hier, und für die Jugendherberge haben wir auch kein Geld, verstehst du?"

„Also nur für eine Nacht, nicht, dass du denkst, wir wollen uns hier über Weihnachten einnisten", ergänzte die Schwangere.

Kai war perplex. Was wollten die? Bei ihm übernachten? Das kam nicht infrage. Er wollte hier keine Fremden und schon gar nicht jetzt, in dieser Stimmung, nachdem sich Mia von ihm getrennt hatte. Er schüttelte den Kopf.

„Nein, hier übernachten? Nein, das geht leider nicht. Sorry."

„Is klar", der Mann seufzte, „bist nicht der Erste, der das sagt."

„Hast du vielleicht ein paar Euro für uns, für Essen?", wollte die Frau daraufhin wissen.

„Ja, Moment."

Kai schloss die Tür und holte aus seinem Geldbeutel ein Zweieurostück. Er hatte bereits den Türgriff in der Hand, da kehrte er nochmal um und tauschte die Münze gegen einen Fünfeuroschein aus. Der junge Kerl nahm ihn lächelnd entgegen.

„Hey, danke. Das ist ja schon mal ein Döner am Bahnhof. Frohe Weihnachten noch!"

„Frohe Weihnachten", wünschte auch die Frau.

„Euch ebenso!", erwiderte Kai, dann sah er, dass die zwei sich umdrehten und gegenüber bei Familie Laudenbach läuteten. Da würden sie sicherlich genauso wenig Glück haben. Er kehrte zu seiner Zither zurück, spielte aber nichts mehr. Die beiden hatten ihn aus dem Konzept gebracht. Waren das gerade Maria und Josef? Natürlich lag die Geschichte nahe. Kai war zwar nicht tief religiös, doch er zahlte seine Kirchensteuern, er ging Weihnachten fast immer, Ostern oft und auf jeden Fall um den Sterbetag seiner Mutter herum zur Messe. Mia war stets nur widerwillig mitgegangen. Die katholische Kirche war für sie als Frau aus nachvollziehbaren Gründen ein rotes Tuch, und im Gegensatz zu ihm war sie nicht in einem christlichen Elternhaus aufgewachsen.

Kai sah ein, dass es sinnlos war, sich vor das Instrument zu setzen. Er stand auf und schaute in das leere Zimmer seiner ehemaligen Freundin. Haben die beiden Bettler ihm was vorgespielt? Sie wirkten nicht wie Schauspieler, und die Frau war schwanger. Was wäre, wenn sie hier übernachtet hätten? Okay, sie waren nicht ganz sauber. Er hätte ihnen eine Dusche anbieten können, ja, sie hätten sogar seine Waschmaschine verwenden können. Mia hätte sich bestimmt geekelt. Sie hätte gesagt, dass die beiden alles klauen könnten. Vielleicht waren sie wirklich nur auf dem Weg zu ihren Eltern. Um Weihnachten herum war das ja naheliegend. Kai hätte sie also genauso gut aufnehmen können. Warum hatte er es nicht getan?

Natürlich, er war zu lasch. Zu viele Umstände. Etwas Neues, Ungewohntes. Das passte nicht zu ihm!

Das durfte doch nicht wahr sein! Kai drehte sich um, eilte zur Wohnungstür und riss sie auf. Aber zu spät. Sie waren weg. Sollte er ihnen nachlaufen? Oder wirkte das peinlich? Nein, das tat es nicht, genauer gesagt, es war egal. Er zog seine Stiefel und den dicken Anorak an und stürmte die Treppen hinunter vor das Haus. Leider war das Pärchen nirgendwo zu sehen. Vielleicht waren sie in einem der anderen Wohnblocks oder auch zum Bahnhof weitergezogen, um sich wirklich einen Döner zu kaufen. Kai eilte in diese Richtung. Aber nach fünf Minuten erkannte er, dass er keine Chance hatte, sie einzuholen, außerdem konnte er sie auf der langen geraden Straße zur Stadtmitte nirgends sehen. Vermutlich waren sie doch noch in der Siedlung. So kehrte er um. Und in dem Augenblick, in dem er sein Haus erreichte, sah er sie aus dem Nachbarblock kommen.

„Hey, ihr beiden! Wartet!"

Josef drehte sich zu ihm um, während Maria irgendwelche Zettel in die Briefkästen warf. Als Kai bei ihnen ankam, wandte auch sie sich ihm zu und schaute ihn interessiert an.

„Also, ich habe es überdacht. Eigentlich könnt ihr doch bei mir schlafen. Meine Mitbewohnerin ist – nicht da. Ihr könntet ihr Bett benutzen, zumindest bis morgen."

Die beiden strahlten.

„Bingo! Nummer zwei", sagte der Mann.

„Oder hast du den Prospekt gelesen? Dann zählt es nicht", fragte die Schwangere.

„Welchen Prospekt?"

„Wir haben dir einen in den Briefkasten geworfen", sie hielt ihm einen der Zettel hin. „Hier steht alles drin."

„Wir fahren nicht zu ihren Eltern", erklärte der Mann, „sondern sind seit ein paar Tagen unterwegs, um mit unserer an Maria und Josef angelehnten Aktion auf die Situation wohnungsloser Menschen aufmerksam zu machen. Sie ist gerade um Weihnachten herum besonders schwierig."

„Das gilt auch für alle, die eine Wohnung haben, aber einsam sind, speziell für ältere Leute", ergänzte Maria.

„Abgesehen von dir hat heute Vormittag nur eine betagte Dame Ja gesagt."

„Ich glaube, die hatte uns durchschaut. Mein Kissen saß da etwas zu weit oben." Die falsche Maria klopfte auf ihren Bauch.

„Das Geld, das du uns gegeben hast, geht übrigens an die Pfarrer-Landvogt-Hilfe, die sich um Wohnungslose kümmert. Die machen am Heiligen Abend eine Feier für Obdachlose. Du kannst auch noch mehr spenden. Die Bankverbindung steht auf dem Flyer", ergänzte der Josef-darsteller.

„Ja, und unsere Gemeinde, St. Margarita in der Innen-stadt, feiert mit allen, die sonst niemanden haben", sagte die Frau.

Kai zwang sich zu lächeln.

„Das ist eine fabelhafte Aktion. Ihr habt absolut glaub-würdig gespielt. Ich wünsche euch noch viel Erfolg! Noch-mal frohe Weihnachten!"

Er drehte sich um und stapfte langsam durch den Schnee zurück in sein Haus. Als er seine Wohnung betrat, war alles finster in ihm. Er ließ den Kopf sinken. Kurz hatte er sich darüber gefreut, diese eine Nacht nicht allein verbringen zu müssen. Kai trottete in die Küche, holte einen Kohlrabi aus dem Gemüsekorb, Messer und Brettchen aus dem Schub und setzte sich an den Tisch. Neben ihm lag die Fernbedie-nung für die Christbaumbeleuchtung und die Zither. Doch statt zu essen, blätterte er den Handzettel durch, den ihm die beiden gegeben hatten. Obdachlose? Dieses Milieu war ihm fremd, aber einsame alte Menschen? Mia hatte immer behauptet, eine Zither sei nur was für Omas und Opas. Ob er wohl an dieser Feier spielen und Lieder begleiten könnte? In dem Prospekt wurde auf Vorbereitungstreffen hingewiesen, freiwillige Helfer seien willkommen. Wann? Am 17.12., das war vorbei, aber auch noch am 22.12. um 18:00 Uhr. In einer guten Stunde. Er sprang auf. Da musste er hin!

DA HABEN DIE DORNEN ROSEN GETRAGEN

Der Mächtige hat Großes an mir getan. (Lukas 1,49)

Josef kam, ohne zu klopfen, in Marias Zimmer und ließ sich auf einen Stuhl fallen. Er schaute in die Richtung seiner Verlobten, doch sein Blick schien durch sie hindurch zu gehen. Maria trat an ihn heran und ergriff seine Hand.

„Sag, was hat der Bote verkündet?"

Josef blickte Maria zum ersten Mal in die Augen.

„Er hatte ein Cornu, in das er so lange blies, bis er sicher war, dass alle männlichen Bewohner Nazareths da waren."

„Ja, das haben die meisten. Aber was hat er gesagt?"

Josefs Blick schweifte wieder ab. Er schwieg noch eine Weile, als wage er nicht, zu antworten, dann sagte er:

„Ein jeder solle sich in seiner Stadt in Steuerlisten eintragen lassen."

„In seiner Stadt? Was heißt das?"

„Was weiß ich, das hat er nicht genauer ausgeführt, aber alle meinen, es sei der Ort gemeint, aus dem man stammt.

Wir sind aus dem Geschlechte Davids, also müssen wir nach Bethlehem."

„Nach Bethlehem? Wahnsinn! Wann?"

Josef schaute sie wieder an.

„Maria, das schaffen wir nicht. Wir können jetzt nicht nach Bethlehem."

Maria ließ seine Hand los und tänzelte zum Fenster.

„Ach, warum denn nicht? Wie oft bist du nach Jerusalem zum Tempel gezogen? Bethlehem ist kaum weiter. Du bist erst fünfundfünfzig, das bewältigst du schon noch."

Josef fing an zu lächeln, er stand auf und trat an sie heran.

„Ach Maria, ich meine doch nicht wegen mir, sondern wegen dir. Du bist hochschwanger. In deinem Zustand kann man nicht so weit reisen."

„Früher waren wir Nomaden und haben in Zelten gelebt. Da war Umherziehen ganz normal – ich schaffe das schon. Ich kann ja auf dem Esel reiten. Und ich freue mich auf die Abwechslung. Also wann?"

„So bald wie möglich."

Fünf Tage später erreichten sie den Jakobsbrunnen. Die beiden hatten die Strecke durch das Bergland gewählt, weil Maria unbedingt am Jakobsbrunnen vorbeiziehen wollte. Sie nahmen sich – nachdem sie die letzten Nächte im Freien verbracht hatten – ein Zimmer in der Nähe. Beim Abendessen gab es einige Aufregung, denn es kamen Reisende aus der anderen Richtung an, die auf dem Weg durch das Bergland von Judäa überfallen und ausgeraubt worden waren. Wie es aussah, bestand die Räuberbande aus einer größeren Gruppe desertierter römischer Soldaten.

„Solche Verbrecher haben nichts zu verlieren. Wir sollten umkehren und den Weg im Westen nehmen. Wir brauchen höchstens zwei Tage mehr", flüsterte Josef seiner Verlobten zu.

„Ach nein, die werden sich hüten, längere Zeit in der gleichen Gegend zu bleiben. In einer halben Woche sind wir bei Elisabeth und Zacharias. Ich will unbedingt den kleinen Johannes nochmal sehen."

Die beiden zogen also am darauffolgenden Tag sehr früh weiter. Josef schnitzte sich aus einem dicken Ast einen Stock, um sich im Notfall wehren zu können, außerdem befragten sie alle Reisenden, die ihnen entgegenkamen, aber keinem war etwas Erwähnenswertes widerfahren. Die nächste Nacht schliefen sie ein Stück abseits vom Weg unter einer ausladenden Zeder. Auch der folgende Tag begann unspektakulär. Doch am Abend erreichten sie einen langen Wegabschnitt, der rechts von einem undurchdringlichen Dornenwald begrenzt war, links ging es steil bergab. Der Pfad war gerade breit genug für einen einzelnen Wagen, aber nirgends war jemand zu sehen. Erst nach einer halben Stunde tauchten wieder Menschen auf. Sie kamen ihnen entgegen. Es waren vier Männer, einer trug einen Stock – so dachte Josef zumindest anfangs. Dann erkannte er, dass es sich um eine Lanze handelte.

„Maria, stopp. Ich glaube, es ist besser, wir kehren um", rief er seiner vorausreitenden Verlobten zu. Und auch sie bemerkte die Gefahr. Noch war der Abstand zu den vier Räubern groß. Die Chancen, dass sie auf andere Reisende trafen, wenn sie umkehrten, standen nicht schlecht. Und tatsächlich, bald sahen sie aus der Gegenrichtung eine Gruppe von fünf Männern kommen. Aber das war nicht beruhigend, denn hier trugen zwei eine Lanze, ein weiterer hatte ein bronzefarbenes Schwert gezogen, das in der Sonne glänzte. Als Maria und Josef stehen blieben, begannen die fünf auf sie zuzulaufen. Auch die anderen vier aus der entgegengesetzten Richtung stürmten los. Sie waren in Eile, sie wollten keine Zeugen. Josef nahm seinen Stock fester in die Hand, doch ihm war klar, dass er chancenlos gegen die Bande war. Plötzlich hörte er seine Verlobte rufen.

„Nun komm endlich!"

Maria hatte einen Pfad entdeckt, der mitten in den Dornwald führte. Sie eilte voran und zog den Esel hinter sich her. Josef zögerte nicht und folgte ihr. Die beiden liefen so schnell sie konnten, aber war es schnell genug? Konnte eine Schwangere ausreichend behände fliehen? Nach einigen hundert Metern drehte er sich um und konnte es kaum glauben: Wo war der Weg? Die Dornen hinter ihnen hatten sich nicht nur wieder geschlossen, sondern sie trugen nun sogar Blüten. Bald erreichten sie eine Lichtung mit Gras. Sie war ringsum von überbordenden Rosen umstanden. Josef schaute Maria voller Staunen an.

„Keine Angst", sagte sie, „wir kommen hier schon raus. Aber besser wir übernachten heute Abend hier."

Am nächsten Morgen waren sie weiterhin umgeben von der blühenden Dornenhecke, doch Maria marschierte mit ihrem Esel, ohne zu zögern, parallel zu der Straße am Abgrund los. Josef begriff es nicht: Fand sie den Weg leichter als er? Oder war dieser vorher wirklich nicht da? Nach fünf

Meilen gelangten sie aus dem Dornwald heraus und wieder auf die Straße in Richtung Jerusalem. Hier war viel los. Bald erreichten sie ein Dorf mit einem Brunnen, wo sie tranken und Brote kauften. Josef erzählte den Umherstehenden, was geschehen war, doch diese spotteten.

„Ja, von den Räubern hören wir in letzter Zeit oft. Vermutlich haben sie euch einfach zu heftig auf den Kopf geschlagen, sodass du dir so eine Rettung einbildest."

Josef kränkte das, aber Maria lächelte nur und legte ihren Finger vor den Mund. Es war besser, er schwieg darüber. Kurz vor Sonnenuntergang kamen sie endlich bei Elisabeth und Zacharias an. Seine Verlobte stürzte sich, wie das alle Frauen machen, auf das Baby Johannes, das schon sechs Monate alt war. Elisabeth bereitete Essen zu, und ihr Mann setzte sich zu Josef. Der hüllte sich zuerst unsicher in Schweigen, aber schließlich erzählte er seinem Verwandten doch von dem Dornwald. Der meinete nur:

„Weißt du, ich wundere mich über nichts mehr."

MORTADELLA ZUM FRÜHSTÜCK

Die Jungfrau wird ein Kind erwarten. (Jesaja 7,14)

6:14 Uhr! Und Marcels Smartphone auf dem Nachttisch machte Krawall! Nicht mit der sanften Weckmelodie, dem Liebestraum von Liszt, die er auf 8:25 Uhr eingestellt hatte, sondern mit dem brutalen Ring-Ring-Ton für unbekannte Anrufer.

War etwas mit seiner Mutter?

Marcel riss die Arme unter der Bettdecke hervor, packte das Gerät und wischte den grünen Punkt nach oben.

„Ja, hallo?"

„Morgen, Marcel. Schön, dass du schon wach bist. Hier ist Richard – du erinnerst dich? Der Richard von vorgestern, der Raucher im Torkelnden Wirt. Klingelt es bei dir?"

Oh ja, er erinnerte sich. Kein Zweifel, der Kerl war in Ordnung. Sie hatten an der Theke nebeneinander gesessen und waren ins Gespräch gekommen. Fernfahrer in Teilzeit; dass es so was gab. Wenn er nicht fuhr, verschwendete er seine Zeit in sozialen Projekten: für Obdachlose, Kleiderkammer, Integrationsgruppen und was noch alles, hatte er erzählt.

Marcel nickte, und als er begriff, dass Richard das nicht sehen konnte, ergänzte er ein müdes: „Hm, klar."

„Hör mal, ich weiß, es ist echt früh. Aber ich muss heute fahren, also für einen einspringen, der ist krank, und bin doch beim Obdachlosenfrühstück eingeteilt. Weißt du, die brauchen da jede Hand. Du hast behauptet, du beneidest mich und würdest auch gerne. Also jetzt hättest du die Chance und könntest mir echt helfen."

Marcel erwachte schlagartig. Hatte er das gesagt? Zu viel Bier? Möglich – nein, nun erinnerte er sich. Natürlich war das Engagement seines Zufallsbekannten in gewisser Hinsicht imponierend, verglichen mit Marcels Job als Projektmanager und den paar hundert Euro, die er jährlich spendete, wenn die Medien mal wieder eine Katastrophe durch alle Kanäle peitschten.

„Tut mir leid, Richard, du hast recht. Ich finde absolut super, was du machst." Er unterbrach sich, weil er das Gähnen nicht mehr unterdrücken konnte. „Aber die Arbeit! Wichtige laufende Projekte, ein paar Telefonate noch am Morgen, und ich sollte mich für ein Meeting am Nachmittag vorbereiten …"

„Hast du nicht behauptet, dass du Gleitzeit hast und selten vor zehn anfängst? Um neun ist alles vorbei. Das bisschen Geschirr in die Maschine räumen, erledigen die anderen. Pass auf, du gehst zum Pfarrzentrum der Gemeinde St. Helena in der Innenstadt. Sagst dem Thomas, dass du der

Ersatz für Richard bist. Es gibt sogar Parkplätze. Wenn du es zwischen sieben und halb acht schaffen könntest, wäre es echt grandios. Ich spendier dir beim nächsten Mal im Torkelnden Wirt ein Bier, einverstanden?"

„Na ja, schon – aber ..."

Richard hatte aufgelegt. Fieser Trick, doch es war ohnehin zu früh am Morgen und damit nicht die Zeit, in der sich Marcel hätte argumentativ durchsetzen können. Er ließ sich nochmal in die Federn fallen, atmete tief durch und schwang sich dann auf.

Fünfzehn Minuten später war er angezogen und rasiert. Er klopfte noch am Schlafzimmer seiner Frau. Sie reagierte nicht, trotzdem ging er hinein und setzte sich an ihr Bett. Es roch vertraut nach ihr, doch die Luft war abgestanden. Im Gegensatz zu ihm lehnte sie es ab, bei geöffnetem oder gekipptem Fenster zu schlafen. Er berührte sie sanft an der Schulter und spürte ihre Körperwärme durch ihr Wollnachthemd. Träge drehte sie sich um und öffnete einen Spalt weit die Augen.

„Entschuldige Beth, erschreck nicht, wenn ich nicht da bin. Ich helfe heute beim Obdachlosenfrühstück."

Sie antwortete mit einem „Hmhm", das er als „Ich habe verstanden." interpretierte.

„Ich nehm den Golf. Du kannst die Kinder mit dem SUV in die Kita und Schule bringen."

Sie drehte sich wieder auf die Seite, reagierte aber sonst nicht. Das war okay. Informationsaustausch beendet.

Kurz nach sieben stellte er Beths auberginefarbenes Cabriolet auf dem Parkplatz der Gemeinde St. Helena ab.

Er war hier vor fünf Jahren zum letzten Mal gewesen, zur Taufe seiner Tochter Maria. Hier hatte sich seitdem nichts verändert. Das passte zu seinem Bild von der Kirche. Sie veränderte sich nie. Vor dem Eingang wartete ein magerer Kerl in einem olivgrünen Parka. Das war heute die richtige Kleidung, denn es war kühl. Marcel marschierte auf ihn zu und erkannte erst, als er direkt neben ihn stand, dass es sich um einen wartenden „Gast" handelte. Er war unrasiert, roch aufdringlich nach Seife und lächelte nicht zurück, als Marcel ihn mit „Guten Morgen" ansprach.

„Scheiß Morgen", fauchte er stattdessen.

„Ist der Kaffee hier so dünn?" Marcel versuchte es mit einem Scherz.

„Mein Schlafsack ham se heute gestohlen, im Heim – Arschlöcher die! Ich will mit keinen mehr von denen was zu tun ham."

„Oje, wertvoll?"

„Das kannst glauben. Hat mir ein Student letztes Weihnachten gschenkt, warm, wasserdicht, alles. Darin konntest draußen schlafen."

„Armer Kerl! Und wie stehlen die einen Schlafsack? Da liegt man doch drin, oder?"

„Gduscht. Deswegen geh ich da hin. Auf der Straße kannst nicht duschen. Du hast keine Ahnung, oder?"

„Nein, ehrlich nicht, ich wollte hier helfen, Frühstück vorbereiten. Mache ich aber auch zum ersten Mal."

Der dünne Mann schaute Marcel von oben bis unten an, grinste.

„Sieht man, dass du nicht zum Frühstücken kommst."

Dann nickte er mit dem Kopf in Richtung eines gepflasterten Weges.

„Die anderen gehen immer da hinten rein."

Vermutlich hätte sich der Obdachlose gerne länger mit ihm unterhalten, aber Marcel war überfordert und heilfroh wegzukommen. Der Weg führte tatsächlich zu einem Hintereingang, der nicht abgeschlossen war. Er gelangte in ein großflächiges Foyer, von dem man alle Räume des Pfarrzentrums übersehen konnte. In einer geräumigen Küche schwirrten mindestens sieben Leute herum. Wenn hier jede Hand gebraucht wurde, benötigten sie wirklich viele Hände. Marcel blieb nicht lange unbemerkt. Ein klein gewachsener fülliger Mann mit braunem Wuschelkopf, vielleicht fünfzig Jahre alt, kam lächelnd auf ihn zu.

„Hallo, ich bin Marcel. Richard hat mich angerufen und mich gebeten, ihn hier zu vertreten. Ist Thomas zu sprechen?"

Der Angesprochene lachte und schüttelte den Kopf.

„Ach, der gute Richard. Das wäre doch wirklich nicht nötig gewesen. Wir sind heute mehr als genug Helfer. Trotzdem, schön, dass du da bist. Ich bin Thomas, Gemeindereferent, sozusagen Herr im Haus hier. Na dann quetsch dich mal dazwischen und pack mit an. Wenn du Fragen hast, Gerda, die ältere Dame mit der roten Strickjacke, kennt sich aus."

Damit stapfte er in Richtung eines Büros davon. Marcel betrat die Küche und grüßte in die Runde. Ein vielstimmiges Stimmengewirr schallte mit Wärme zurück. Dazu erklang das Geklapper von Geschirr.

„Hey, Jens, gibst du mir mal die Butter rüber?", rief ein athletisch gebauter Mann im Trainingsanzug, der etwas abseits an einem separaten Tisch stand.

„Ach Gottchen, du bist doch sonst immer am Joggen. Hol dir Butter aus dem Kühlschrank!"

Marcel nahm einen kleinen Teller, teilte die Butter, die vor Jens stand, und brachte sie dem Sportler.

„Was kann ich tun?", fragte er die Gruppe.

„Brötchen belegen wie wir", schlug eine Frau vor, die neben Jens stand.

„Aber keine Käsebrötchen. Davon haben wir genug", rief jemand dazwischen.

„Käsebrötchen haben wir nie genug. Die gehen weg wie die warmen Semmeln", widersprach der im Trainingsanzug.

„Davon bleiben immer welche übrig. Mortadella fehlt noch."

„Nein, wer mag denn Mortadella?"

„Ich mag Mortadella."

„Aber für dich machen wir sie nicht."

Diese Diskussion zog sich eine Weile hin.

„Vielleicht kochst du besser Kaffee", lachte die Frau neben Jens. Sie deutete auf ein großes tonnenförmiges Gerät hinter sich. Marcel stellte sich davor, hob den Deckel ab und erkannte eine Art Filter. Er wollte nicht schon wieder fragen, deshalb nahm er eine Packung Kaffee, riss sie auf und schüttete ein wenig davon hinein.

„Erst den Filter herausnehmen und das Wasser einfüllen", flüsterte da unverhofft eine alte, etwas knarzende Stimme hinter ihm.

„Ich bin Gerda. Leider zu gar nichts nutze. Kann nicht mal mehr ein Brötchen aufschneiden, Arthrose! Aber Anweisungen geben, das kann ich."

„Genau das brauche ich. Ich bin Projektmanager und in Küchendingen nicht sonderlich bewandert", entgegnete Marcel und schämte sich sogleich. Die alte Dame hatte sicherlich keine Ahnung, was ein Projektmanager ist.

„Projektmanager, ach. Ich war im Controlling."

„Oh!"

„Ja, oh! Das sind die, die in der Firma keine Freunde haben, ich weiß. Aber hier können mir alle ihr Herz ausschütten."

„So böse habe ich das nicht gemeint." Er hatte heute wenig Glück mit seiner Kommunikation. Er öffnete die Maschine und füllte sie mithilfe eines großen Messbechers mit Wasser. Dann setzte er den Filter wieder ein.

„Und wie viel Kaffee?"

„Die ganze Packung."

„Wird das alles getrunken?"

„Ich weiß nicht. Vermutlich bleibt etwas übrig."

„Und wie viele der Brötchen mit welchem Belag gegessen werden, weiß auch niemand, oder?"

Gerda lachte.

„Nein, es sind ja jedes Mal andere da."

„Gäste?"

„Nein, Helfer."

In den nächsten zehn Minuten schauten die alte Dame und er dem Kaffee beim Durchlaufen zu und unterhielten sich. Dann kam Thomas hereingestürmt:

„Achtung! Essen rübertragen! Ich habe aufgesperrt."

Alle reagierten flink, packten die Tabletts, auf denen sich die belegten Brötchen stapelten, sowie zwei Schalen mit Äpfeln und trugen sie in den benachbarten Saal. Thomas half Marcel. Sie hoben die Kaffeemaschine auf einen Wagen und schoben ihn ebenfalls hinein. Da standen etwa dreißig Männer und Frauen ordentlich aufgereiht und bedienten sich am Essen. Auch Kaffee schenkten sie sich selbst aus. Die Käse- und Streichwurstbrötchen waren am beliebtesten. Der eine oder andere nahm Nutella oder Marmelade. Von den mit Mortadella blieben sieben Hälften übrig.

Marcel beobachtete, wie ein jüngeres Paar Hand in Hand in der Schlange vorrückte. Sie unterhielten sich gut gelaunt. Er organisierte die Brötchen, und sie trug zwei Tassen schwarzen Kaffee an einen Tisch. Dort zogen beide Bücher aus einer Plastiktüte und begannen schweigend zu lesen. Auch sonst sah Marcel fast ausschließlich zufriedene Gesichter. Nur einer blieb niedergeschlagen. Marcel wandte sich nochmal an Gerda.

„Du hast gesagt, alle dürften dir ihr Herz ausschütten. Der im Parka, der da hinten allein sitzt, hatte einen ziemlich üblen Start heute. Vielleicht würde er sich freuen, jemandem davon zu erzählen."

Die alte Dame zögerte nicht. Sie setzte sich dem Bestohlenen gegenüber, und es dauerte nicht lange, bis er zu reden begann. Marcel verlor die Geduld. Genug Zeit vertan. Er musste sich an die Arbeit machen. Deshalb suchte er Thomas. Der stand mit dem Mann im Trainingsanzug an der Tür. Die beiden schauten zufrieden den Essenden zu.

„Also, ich verschwinde", sagte Marcel zu dem Gemeinde-
referenten.

„In Ordnung, supertoll, dass du da warst. Kommst du
wieder? Manchmal fehlen hier wirklich Helfer."

„Macht ihr keine Doodle-Umfragen?"

„Was ist das?"

„Na ja, eine Internetseite, um gemeinsame Termine zu
finden."

„Oh nein, verschone mich damit. E-Mail und Google, das
reicht mir in puncto Internet. Das klappt auch so ganz gut."

Der im Trainingsanzug verdrehte die Augen und grinste
Marcel an.

„Bevor du gehst, kannst du mir deine Kontaktdaten hier
lassen, falls mal Not am Mann ist?"

Marcel hätte sich am liebsten geweigert. Das hier war
nichts für ihn. Anderen helfen, vielleicht, aber Küchenar-
beit? Gewiss nicht! Andererseits wollte er nicht unhöflich
sein und so diktierte er Thomas seine Handynummer und
seine E-Mail-Adresse in ein abgegriffenes Adressbuch.

Es war noch vor neun und daher würde er sogar früher
ins Büro kommen als gewöhnlich. Damit war er für die ver-
geudete Zeit fast entschädigt. Leider täuschte er sich. Auf
dem kurzen Autobahnabschnitt auf seinem Weg in die Firma war Stau, offensichtlich etwas Schlimmeres, denn ein
Krankenwagen und zwei Polizeiautos fuhren rechts an ihm
vorbei. Eine halbe Stunde ging nichts voran. Da läutete sein
Telefon, eine unbekannte Festnetznummer.

„Hallo, hier ist nochmal Thomas. Stör ich schon bei der
Arbeit?"

„Thomas? Nein, gar nicht. Ich stehe im Stau."

„Ach je! Du, wir hatten gerade noch eine kurze Nachbesprechung. Weißt du, dass du sehr gut in der Gruppe angekommen bist?"

„Was! Weil ich mich nicht mit einem Messer verletzt habe?"

„Nein, aber es ist ein paar Leuten aufgefallen, dass du einen Blick für die Abläufe hast. Andreas, der am Schluss neben mir stand, meinte, das mit diesem Nuudel sei eine gute Idee und vielleicht sollten wir wirklich einen Einsatzplan erstellen. Und Gerda hat erzählt, dass du vorgeschlagen hast, mal aufzuschreiben, wie viel von was gegessen wird. Also kurz gesagt: Könntest du dir vorstellen, uns bei der Organisation zu unterstützen? Du musst nicht jedes Mal da sein. Wir bieten das Frühstück ohnehin nur zweimal die Woche an."

Marcel erschrak. Das war ja nett, aber er wollte sich so etwas keinesfalls regelmäßig aufbürden.

„Ach Thomas, ich befürchte, ich habe mich nur wichtiggemacht, weil ich nichts Nützliches helfen konnte. Weißt du, ich bin beruflich sehr eingespannt und glaube nicht, dass ich Zeit dafür haben werde. Aber ich verspreche, nochmal darüber zu schlafen."

Sie tauschten ein paar Freundlichkeiten aus, dann beendeten sie das Gespräch. Der Fahrer vor ihm war ausgestiegen und rauchte. Marcel hatte Durst und Hunger, weil er gehofft hatte, etwas von dem Frühstück abzubekommen. Vermutlich hätte er ein Brötchen mit Mortadella und eine Tasse Kaffee nehmen können. Doch stattdessen war er geflohen. Er musste an den bestohlenen Obdachlosen denken. Letztes Jahr hatte er seinen alten Schlafsack weggeworfen, weil er sich einen hochwertigeren gekauft hatte. Sein Handy klingelte wieder. Diesmal kannte er die Nummer.

„Hallo Beth. Was gibt's?"

„Ich habe gerade Marie in den Kindergarten gefahren und mir ist nicht aus dem Kopf gegangen, was du heute Morgen gesagt hast. Hast du behauptet, du hilfst beim Obdachlosenfrühstück. Das habe ich geträumt, oder? Du doch nicht."

„Nein, das stimmt. Ein Bekannter hatte mich gebeten, für ihn einzuspringen."

„Sag mal, spinnst du? Hast du schon mal Frühstück für deine Kinder gemacht? Oder für mich!"

„Hätte ich vielleicht sollen."

„Ja, hättest du vielleicht. Und willst du da öfter hin?"

„Ja, da werde ich in Zukunft regelmäßig hingehen. Es geht schließlich nicht allen so gut wie uns. Ich werde mich ein wenig um die Organisation kümmern."

Er legte auf. Vor ihm stieg der Fahrer ein und fuhr weiter.

Es ging voran.

DER VERSÖHNUNGSENGEL

Josef, ihr Mann, der gerecht war ... (Matthäus 1,19)

„... und hierdurch werden wir die Ausschreibung ganz gewiss gewinnen. Ich danke Herrn Bocas für diese innovativen Architekturideen." Der Geschäftsführer Dr. Dissa schob seine Unterlagen zusammen und zeigte damit, dass das Meeting zu Ende war.

„Aber Herr Bocas hat doch nur die Anregungen von Herrn Zacharias zusammengefasst", wandte Ludwig Zimmermann ein.

Dr. Dissa blickte zerstreut auf. „Hm, sicher. Ist ja egal."

„Für Herrn Zacharias nicht", murmelte Zimmermann. Der Kollege, den er soeben verteidigt hatte, zwinkerte ihm zu und zuckte mit den Schultern, dann verließ er mit den anderen den Raum. Nur Irene Schneider drehte sich noch einmal nach ihm um und lächelte ihn flüchtig an. Er stützte sich auf seinen Stock und humpelte hinterher.

„Zimmermann!" Der Chef rief ihn zurück. Er blieb stehen und schaute in dessen Richtung.

„Ich will nicht, dass Sie hier Zwietracht säen, kapiert!“

„Aber …“

„Kein Aber. Ab an die Arbeit!“ Dr. Dissa wedelte mit der Hand, als verscheuche er eine Fliege. Doch all diese Ungerechtigkeiten perlten von Zimmermann ab. Er war im Recht, warum sollte er sich aufregen? Er kehrte an seinen Arbeitsplatz zurück, um zu prüfen, ob die Ideen seines Kollegen, mit dem er sich ein Büro teilte, überhaupt umsetzbar waren, denn sie veränderten die Statik des Gebäudes erheblich. Tobias Zacharias saß bereits an seinem Schreibtisch.

„Danke, dass du mich verteidigt hast, Bocas ist ein Schleimer! Kaum auszuhalten! Aber er darf jetzt schauen, ob alles mit dem Bebauungsplan zusammenpasst, darüber hatte ich mir nämlich keine Gedanken gemacht“, scherzte er.

Die beiden Männer setzten sich an ihre PCs und machten sich ans Werk.

Drei Stunden später saß Ludwig Zimmermann in seinem Fiesta und fuhr mit achtzig Kilometern pro Stunde auf der mittleren Fahrspur in Richtung der zwölf Kilometer entfernten Kleinstadt, in der er wohnte. Die Geschwindigkeitsbegrenzung, die über die gesamte Länge galt, erlaubte ihm, beim Fahren abzuschalten. Er kümmerte sich wenig um die Autos, die links und rechts an ihm vorbeizogen. Er dachte an das Lächeln von Irene Schneider zurück. Sie war so alt wie er, sie geschieden, er Witwer. Sie erzählte oft von ihren Konzertbesuchen. Aber was hatte er ihr zu bieten?

Daheim stellte er den Wagen am Straßenrand ab. Die angemietete Garage stand seit zwei Jahren voller Kisten mit Kleidung, Büchern und anderen persönlichen Hinterlassenschaften seiner Manuela. Irgendwann, sobald er so weit war, würde er das alles weggeben. Bevor er den Wohnblock betrat, warf er wie immer einen Blick in den Briefkasten. DIE ZEIT und ein einzelner Umschlag lagen darin, ein Brief von seiner Tochter Johanna. Der dritte, seit sie weg war. Er nahm ihn mit in seine Vierzimmer-Eigentumswohnung und legte ihn ungeöffnet auf den Esstisch. Später saß er daneben, las die Wochenzeitung und aß ein Fertiggericht, das er in der Mikrowelle erwärmt hatte. Er hätte eine Stunde danach nicht mehr sagen können, was er gegessen hatte. Alles schmeckte eintönig, wenn man es allein aß. Trotzdem ließ er sich Zeit. Heute war bis zu den Tagesthemen nichts weiter zu tun.

Als er zu den Buchbesprechungen kam, fiel ihm ein, dass das Buch *Factfulness* auf seinem Nachttisch auf ihn wartete. Sein Kollege Zacharias hatte es ihm dringend ans Herz gelegt, und ihn wollte er nicht enttäuschen. Also räumte er den Tisch ab, zuletzt den Brief. Er packte ihn und trug ihn in Johannas Zimmer. Er schaltete das Licht ein, denn hier waren die Rollos stets geschlossen. Es roch nach Staub, abgestanden. Herr Zimmermann legte den Brief ungeöffnet neben die anderen beiden. Sein Blick fiel auf die zwei Poster über dem Bett, und er musste wie immer tief durchatmen. Ein Plakat warb für ein Konzert von Melissa Etheridge. Gut, mit ihrer Musik konnte er leben, sie hatte Johanna bei aller Doppeldeutigkeit eben gefallen, das andere Miley Cyrus bei den MTV Video Music Awards 2015. Sie trug nur goldene Hosenträger, nichts darunter, und ein Röckchen, das mehr zeigte als verhüllte. Johanna hatte ihrer Mutter gegenüber behauptet, sie habe das Poster aufgehängt, weil die Sängerin ein Vorbild für sie sei. Sie wolle auch so schlank werden. Seine Gattin hatte das als normale Phase einer Heranwachsenden abgetan.

Manuela war schon ein Jahr lang tot, als Johanna ihm den wahren Grund verriet. Er würde diesen Abend nie vergessen. Er hatte sie beschworen, sich psychotherapeutisch behandeln zu lassen oder erstmal andere Erfahrungen zu sammeln. Das alles war doch nichts weiter als eine Mode der jungen Leute. Aber seine Tochter war stur geblieben. So sei sie. Sie sei verliebt. Punkt.

Das war das Ende. „Du kannst zurückkommen, wenn du wieder zur Vernunft gekommen bist", war das Letzte, was er ihr im Treppenhaus nachgebrüllt hatte. Nie hätte er sich mit seiner Tochter und ihrer Partnerin in der Öffentlichkeit gezeigt.

Herr Zimmermann drehte sich weg. Sollte er das Poster von der Wand reißen? Nein, das musste Johanna selbst tun.

Als er auf den Lichtschalter zuging, fiel sein Blick auf einen schlichten goldenen Papierengel im Regal. Er hatte ihn vorher nie wahrgenommen oder zumindest lange nicht mehr. Der Engel war so groß wie ein Zeigefinger, hatte eine Pappmascheekugel als Kopf, einen abgeschnittenen Kegel als Körper und weiße Federn als Flügel. Sie hatten ihn gemeinsam im Erstkommunionunterricht gemacht. Es war ein Sorgenengel. Man konnte ihm alles anvertrauen. Irgendwo musste er seinen eigenen haben. Ohne weiter darüber nachzudenken ging er in sein winziges Arbeitszimmer und suchte auf den Regalbrettern. Da standen einige Geschenke, die Johanna vor langer Zeit für ihn gebastelt hatte: Eine Aufklappkarte, in der ein Mann und ein Kind erscheinen, die zusammen ein Herz aus Papier tragen, ein Malen-nach-Zahlen-Bild einer Katze, ein Abdruck ihrer Hand in Gips. Der Engel war nicht dabei. Egal!

Zimmermann kehrte in sein Wohnzimmer zurück, um den Fernseher einzuschalten. Direkt über dem Gerät stand der Engel. Dieser war mit deutlich weniger Sorgfalt gebastelt als der seiner Tochter und staubig. Er musste dringend putzen – andererseits, warum sollte er? Er bekam nie Besuch. Zimmermann nahm den Engel und stellte ihn auf den Couchtisch, schließlich schaltete er Das Erste ein. Im Augenblick hätte er sich ohnehin nicht auf das Lesen eines Sachbuchs konzentrieren können. Um 22:15 Uhr kamen seine Tagesthemen. Zamperoni führte wie gewohnt souverän durch Berichte über Anschläge im Nahen Osten, die Angst vor einem neuen Virus, ein Erdbeben in Japan und interviewte höflich den Parteivorsitzenden der SPD. Zimmermann hatte heute den Eindruck, alles tausendmal gesehen und gehört zu haben. Deshalb beschloss er, ins Bett zu gehen.

Seinen Engel stellte er zurück ins Regal, doch der verfolgte ihn bis in den Schlaf. Es war ein harmloser Traum: Die beiden Engel standen eng beieinander und sahen ihn offen ohne Anklage an. Einer hatte den rechten Arm um die Hüfte des anderen gelegt, dessen linker Arm ruhte auf den Schultern des ersten. Als Zimmermann aufwachte, grübelte er lange darüber, wie das angesichts der Flügel möglich war, doch er erinnerte sich nicht genau genug.

Und im Laufe des nächsten Arbeitstages vergaß er ihn ganz, vor allem, weil die leidige Situation vom Vortag eine amüsante Wendung nahm.

Der Chef hatte an diesem Freitagvormittag kurzfristig ein weiteres Meeting einberufen, und das fing mit einem Rüffel an:

„Bocas, wenn Sie schon die Ideen Ihrer Kollegen als die Ihren darstellen, sollten Sie wenigstens vorher prüfen, ob sie mit dem Bebauungsplan vereinbar sind."

„Aber ich habe doch gar nicht ...", wollte sich der Getadelte verteidigen.

„Kein Aber! Wir haben es alle gehört. Und jetzt bitte ich um Vorschläge. Ich will den Zuschlag für diese Ausschreibung! Verstanden? Zacharias! Irgendwelche Ideen?"

Irene Schneider lächelte und zwinkerte Zimmermann zu, dann meldete sie sich zu Wort. Das Meeting dauerte. Das Mittagessen fiel an diesem Tag aus. Dissas Sekretär, Herr Mannsfeld, brachte mehrmals frischen Kaffee und Kekse. Erst gegen 17:00 Uhr kam man zu einem Ergebnis, das den Chef zufriedenstellte. Danach schickte er alle Anwesenden nach Hause, denn es war ohnehin eine Stunde später als freitags üblich.

Zimmermann war müde, aber gut gelaunt. Er fuhr heute etwas schneller als die erlaubten achzig Kilometer pro Stunde und plante, sich zum Abendessen eine Forelle mit Mandelbutter und Kartoffeln zu braten. Eine musste er noch im Gefrierschrank haben. Doch als er von seinem Auto auf sein Haus zuging, war plötzlich alles anders: Johanna! Sie stand eng neben einer rothaarigen Frau. Sie hatte ihren

Arm um deren Hüfte gelegt. Der Arm der Rothaarigen lag auf ihrer Schulter.

„Hallo, Papa. Ich dachte, du hättest um vier Schluss. Hast du meinen Brief bekommen?"

Zimmermann starrte seine Tochter schweigend an. Dr. Dissa und Herr Bocas blitzten kurz vor seinem inneren Auge auf, dann erinnerte er sich an den Fisch im Gefrierschrank.

„Ja, dein Brief ist angekommen. Aber ich habe es heute nicht mehr geschafft, einzukaufen. Kann ich euch zum Griechen einladen? Oder seid ihr inzwischen Veganerinnen?"

„Nein, Grieche ist super!", antwortete die Rothaarige, „Wir sind ganz normal."

GEDANKENLESEN?
IST GANZ EINFACH!

So sollen die Gedanken vieler Herzen offenbar werden.
(Lukas 2,35)

Stephan war solo. Wenn jemand fragte, wie es ihm gehe, antwortete er stets:

„Na ja, ich bin solo."

Dann setzte er ein trübsinniges Gesicht auf und wartete darauf, dass der andere nachfragte, warum er denn mit siebunddreißig ohne Partnerin sei, ob er verlassen wurde oder irgendetwas in der Art. Seine Freunde kannten die wichtigsten Geschichten natürlich längst, etwa die von Petra, die unbedingt ein Kind gewollt hatte, obwohl er einfach noch nicht soweit gewesen war. Petra hatte inzwischen einen fünfjährigen Sohn – eine uralte Story! Aber er hatte immer wieder neue Erzählungen auf Lager, denn er absolvierte ein Date nach dem anderen. Nur vereinzelt kam es zu einem zweiten Treffen. Stephan wusste genau, woran es lag: Er war schlicht nicht der Typ für Smalltalk. Er konnte reden und reden, es kam kein Gespräch mit der Frau zustande. Natürlich gab es manche, die ihm selbst alles Mögliche erzählten und dabei kaum zu stoppen waren, aber danach fühlte er sich erst recht ausgelaugt. Was wollten die Ladys hören? Er hatte keine Ahnung.

Zumindest nicht bis vor vierzehn Tagen, denn da war er mit einigen Kollegen ein Bier trinken gegangen. Eine Mitarbeiterin aus der Buchhaltung hatte ihren Freund mitgebracht, so einen geschniegelten Sportlertypen. Als Stephan von seinen letzten Missgeschicken erzählte, sagte der:

„Wenn du wissen willst, was die Frauen hören wollen, versuch es doch mal mit Gedankenlesen."

Danach hatte er dreckig gelacht, und Stephan hatte sich gedacht: Ja, du Idiot! Bei dir gäbe es da nicht viel zu tun.

Aber zu Hause konnte er nicht widerstehen und hat den Begriff gegoogelt. Dabei stellte er fest, dass das gar keine so dumme Idee war. Natürlich fand man da Links zu esoterischen Themen wie Aura lesen und Telepathie oder Artikel über Computer, die Gehirnströme auswerteten. Doch daneben gab es die Mentalisten und die Methode des *Cold Reading*, das heißt der Kunst, scheinbar aus dem Nichts alles über ein Gegenüber zu wissen. Das war wie Gedankenlesen. Stephan hat sich noch in derselben Nacht das Buch *Kennen wir uns* von Timon Krause als E-Book heruntergeladen und in den nächsten Tagen gelesen – nein nicht nur gelesen, er hat es durchgearbeitet, er hat daraus gelernt, die Übungen gemacht und mehrmals wiederholt.

Die Technik war simpel: Für Aussagen über den anderen nutzte man sogenannte Barnum-Statements. Das sind

Sätze, die universell so ziemlich für jeden Menschen gelten. Viele Geburtshoroskope verwenden sie. Daneben stellt man spezifische Behauptungen auf und schränkt sie mehr oder weniger mit dem Gegenteil ein. Das passt fast immer. Stephan war begeistert. Wenn er die Technik bei seinen Dates anwendete, würden ihn die Frauen für einfühlsam und verständnisvoll halten. So musste es doch einmal klappen, eine Beziehung aufzubauen.

Bald erprobte er seine Fertigkeiten mehrmals bei seinen Freunden und Bekannten. Leider war kaum jemand beeindruckt – kein Wunder, er wusste ja bereits vieles über sie und konnte deshalb mit allgemeinen Aussagen bei ihnen nicht wirklich punkten. Dates standen demnächst nicht an. Doch bekam er seine Gelegenheit.

Am zweiten Adventssamstag ging er in die Stadt, um Geschenke für seine Eltern zu kaufen. Er würde den Heiligen Abend wie jedes Jahr zu Hause verbringen. Wo auch sonst? Weihnachten allein zu sein war deprimierend. Seine Freunde feierten im engen Kreis und seine Eltern freuten sich, ihren einzigen Sohn bei sich zu haben. Etwas für sie zu besorgen war kein Problem. Sein Vater las gerne anspruchsvolle historische Romane. Ihm würde er *Die Sprache des Lichts* von Katharina Kramer schenken, ein Buch, das ihm selbst gut gefallen hat. Seine Mutter äußerte im Laufe des Jahres immer wieder dezidierte Wünsche, die er sich in einer App notierte. Aber auch ohne das war er ziemlich kreativ, wenn es darum ging, originelle Geschenke zu finden.

Es war natürlich voll in der Stadt. Was hatte er erwartet, zumal das Wetter eher nach Vorfrühling aussah als nach

Winter? Um sich zu erholen, setzte er sich auf eine Bank vor dem Café, in dem im Sommer eine Eisdiele war. Im Advent verkaufte man dort Lebkuchen. Kaum hatte er zweimal tief durchgeatmet, da ließ sich ein älterer Mann, vielleicht Mitte fünfzig, neben ihm nieder. Er stellte zwei Einkaufstüten vor sich ab, lehnte sich zurück und seufzte.

„Alles in Ordnung mit Ihnen?", fragte Stephan spontan.

„Oh, ja, natürlich. Entschuldigung. Dieses Seufzen ist eine dumme Angewohnheit von mir. Ich habe das schon als Baby gemacht – behauptet jedenfalls meine Mutter."

Stephan hatte eigentlich keine Lust auf ein Gespräch und wäre lieber wieder aufgestanden, doch da kam ihm die Idee, seine Mentalisten-Techniken an einem Fremden zu testen. Wie war das? Allgemeine Aussage, die auf jeden zutrifft?

„Na ja, ich finde die Adventszeit ebenfalls stressig. Da kommt man schon ins Seufzen."

„Da haben Sie recht. Das Geschenkekaufen ist da nicht mal das Schlimmste."

„Genau. Ich persönlich empfinde die Feiertage nicht als erholsam."

„Mir geht es genauso. Meine Schwester hat Mutter und mich diesmal zu sich eingeladen. Ich weiß gar nicht, wie ich reagieren soll."

Stephan dachte kurz nach. Jetzt vielleicht eine kühnere Formulierung? Wie war das? Eine spezifische Behauptung und das Gegenteil?

„Sie scheinen mir ein Mensch zu sein, der seine Unabhängigkeit liebt, der aber trotzdem eine enge Bindung zu seiner Familie hat."

„Das sehen Sie richtig. Woher wissen Sie das? Meine Schwester und ihr Mann, sie Lehrerin, er Architekt, die haben zwei Kinder, und die können ganz schön anstrengend sein. Ich bin kinderlos und geschieden. Was glauben Sie, was man da zu hören bekommt?"

„Alles gut gemeint natürlich", warf Stephan ein.

„Ja, alles gut gemeint natürlich. Wie Schwestern eben sind. Aber soll ich mir das antun?"

„Meine Mutter würde sich jedenfalls sehr darüber freuen."

Der Mann schaute Stephan von der Seite an und seufzte wieder. Dann nickte er.

„Das befürchte ich auch. Mir bleibt wohl nichts anderes, als zuzusagen. Danke für Ihren Rat."

Stephan musste sich zusammenreißen, um nicht triumphierend zu grinsen. Das hatte ja einwandfrei geklappt. Wenn er das bei seinem nächsten Date genauso glatt hinbekam, war alles bestens. Unglaublich, dass ihm dieser Typ die privatesten Details über sich erzählt hatte.

Der Mann packte seine beiden Tüten und erhob sich.

„Da brauche ich noch ein Geschenk für den Schwager. Haben Sie eine Idee?"

„Bücher?"

„Nein, um Gottes willen!"

„Craft-Absinth ist in."

„Craft-Absinth? Großartig!"

Der Mann strahlte und ging los, doch nach einigen Schritten machte er kehrt und kam zurück.

„Wissen Sie, man findet nicht oft Menschen, die sich für andere interessieren. Nochmal herzlichen Dank. Bleiben

Sie so offen. Lassen Sie sich nicht vom allgegenwärtigen Egoismus verderben."

Dann hob er grüßend die Hand und marschierte beschwingt davon. Stephan blieb schweigend sitzen.

WASSER FÜR DIE BOTEN DES KAISERS

Dann schmieden sie Pflugscharen aus ihren Schwertern und Winzermesser aus ihren Lanzen. (Jesaja 2,4)

„Manculus! Manculus! Du sollst ins Zelt des Zenturios."

Marius Flavius hasste es, wenn die anderen ihn so nannten. Er war kein „Krüppelchen". Ja, er hinkte ein wenig, seit ihn der Pfeil eines Germanen getroffen hatte. Aber seine Anträge auf vorzeitige ehrenvolle Entlassung aus der römischen Legion nach achtzehn Dienstjahren waren mehrmals abgelehnt worden, und in Kämpfen stand er immer noch seinen Mann. Es nutzte nichts, am besten er überhörte den Spott. Er legte sein Schwert mit dem reichverzierten kreuzförmigen Griff und den Schleifstein beiseite und folgte dem Boten.

Im Zelt des Zenturios warteten sechs andere Legionäre. Der Zenturio war nicht da, nur seine rechte Hand Lucius.

„Der Kaiser hat einen Erlass veröffentlicht. Der muss ab morgen dem judäischen Volk verkündet werden. Ihr werdet die Eskorten der Boten bilden. Wir machen vier Gruppen: Ihr beide, ihr beide, ihr beide und du."

„Was! Ich allein? Wen soll ich denn begleiten?"

„Valerianus."

„Oh!"

Valerianus war erst vor drei Wochen aus Rom in Jerusalem angekommen. Er hielt sich von den gewöhnlichen Legionären fern, deshalb behaupteten einige, er sei der Sohn eines Senators. Andere meinten, er sei ein freigelassener Gladiator, denn er war durchtrainiert und unheimlich gewandt im Umgang mit den Waffen. Jedenfalls war er reserviert und herablassend und nicht das beste Los, das Marius da gezogen hatte. Abgesehen davon hätte er auch sonst gerne auf diesen Auftrag verzichtet. Er mochte die Judäer nicht. Sie pflegten ihren Hass auf die Römer, weil sie sich für ein auserwähltes Volk hielten, und selbst diejenigen, die sich nicht aggressiv verhielten, waren abweisend. So gesehen war es gut, dass er jemanden begleiten musste, der wusste, wie man sich verteidigt.

Bei Sonnenaufgang des nächsten Tages machten sie sich auf den Weg. Sie hatten den Auftrag, auf der Westseite des Gebirges bis zur nördlichen Landesgrenze von Galiläa zu marschieren. Ihre Botschaft verkündeten sie nur in den größeren Dörfern und Städten, den Rest würde Mund-zu-Mund-Propaganda erledigen. Sie übernachteten in kleineren Kastellen.

Wie erwartet schlug ihnen von den Menschen Hass entgegen, nachdem sie verlautbart hatten, dass alle erfasst werden und deshalb in die Orte gehen sollten, aus denen ihre Familien stammen. Manchmal konnte Flavius die Menge besänftigen, denn letztlich richtete sich der Erlass eher gegen die Provinzverwaltung, die mehr für sich selbst zurückbehalten konnte, wenn nicht genau bekannt war, wie viele überhaupt Steuern zahlten. Dabei kam ihm zugute, dass er ein wenig Aramäisch sprach. Nicht fließend, aber es reichte, um auf den Märkten einzukaufen oder um in einer Taverne einen Becher Wein mit den Einheimischen zu trinken – leider nicht mit den Judäern, denn die mieden jeden Kontakt.

Der fünfte Tag ihrer Reise würde ihm immer in Erinnerung bleiben. Als sie das zweite Dorf verließen, das sie an diesem Tag besuchen mussten, bewarfen ein paar Kinder sie mit Steinen. Typisch! Das lernen die Kleinen von den Erwachsenen, dachte Flavius. Am liebsten wäre er diesen Rackern nachgelaufen. Einen hätte er schon zu fassen bekommen und ihm eine Tracht Prügel verpassen können. Doch Valerianus hielt ihn zurück. Einem Kind wehzutun würde die Eltern gegen sie aufstacheln. Das wollte er vermeiden. Das Schlimmste aber war, dass ein spitzer Stein ihren Wasserschlauch traf und aufriss. Flavius merkte es erst, als er daraus trinken wollte und entdeckte, dass der Schlauch leer war. Peinlich, dass der Vorrat für sie beide gedacht war. Er musste es Valerianus melden.

„Im nächsten Ort binde ich ihn über der lecken Stelle zu und dann füllen wir ihn so weit wieder auf", versuchte er seinen Vorgesetzten zu besänftigen. Der jedoch schaute ihn nur von der Seite her an.

„Sie werden dir nichts geben."

Und er behielt recht. Überall benötigte man ein eigenes Gefäß, um überhaupt aus dem Brunnen schöpfen zu können. Im nächsten Dorf taten die Bewohner so, als hätten sie Flavius' Bitte um Wasser nicht gehört. In dem danach wandten sie sich einfach ab. Im vierten lachten ihn einige sogar aus. Er hätte sich am liebsten mit seinem Schwert Respekt verschafft, denn es war inzwischen heiß geworden und sein Durst unerträglich, aber auch hier hielt ihn Valerianus zurück.

„Warum tun die das?"

„Schadenfreude", antwortet ihm Valerianus. Der zeigte keinerlei Anzeichen von Durst. Flavius dagegen fühlte sich langsam entkräftet und schwindelig, aber das durfte er als Legionär nicht zeigen, sondern er musste versuchen, mitzuhalten. Dann kamen sie in Nazareth an. Sie verlasen ihre Botschaft auf dem Marktplatz. Das ganze Dorf war versammelt. Wieder fragten die Menschen aufgeregt nach den Gründen und wo sie sich melden sollten. Flavius versuchte, es ihnen genau darzulegen. Als alle nur noch miteinander diskutierten, rief er in die Menge:

„Gebt mir Wasser aus dem Brunnen! Unser Wasserschlauch hat ein Loch."

Erneut taten die Leute einfach so, als hätten sie es nicht gehört.

„Bitte", ergänzte Flavius. Valerianus warf ihm einen spöttischen Blick zu.

Doch diesmal war es anders. Eine mädchenhafte schwangere Frau löste sich aus ihrer Gruppe und kam auf ihn zu. Und nicht einmal, als ein weißhaariger Mann „Maria!

Nein!" rief, ließ sie sich beirren. Grinsend klopfte ein danebenstehender dem Alten auf die Schulter. Diese Maria kam zum Brunnen, schöpfte Wasser und reichte Flavius das Gefäß, ohne ihm in die Augen zu schauen. Er trank begierig, befüllte dann seinen notdürftig reparierten Schlauch und gab ihr den Schöpfeimer mit Dank zurück. Die übrigen Umherstehenden taten so, als hätten sie die Szene nicht bemerkt. Wenigstens bekam sie also keine Schwierigkeiten. Der Legionär reichte den Wasserschlauch an Valerianus weiter. Der zog die Augenbrauen hoch.

„Das Wunder von Nazareth!", stellte er spöttisch fest und trank dann doch mit schnellen Schlucken. Ja, es war eben wie überall, es gab solche und solche. Eine banale Erkenntnis, die den alten Soldaten traurig machte. Was sollte all der gegenseitige Hass.

Zwei Wochen später waren sie im Hauptlager bei Jerusalem zurück. Flavius war froh, wieder mit seinen vertrauten Kameraden zusammen zu sein, den üblichen Dienst zu absolvieren und den Abend in der Taverne zu verbringen. Aber bereits drei Tage nach ihrer Rückkehr wurde er erneut zum Zenturio gerufen. Titus Claudius Metellus war dieses Mal persönlich anwesend. Flavius diente schon seit über zwölf Jahren unter ihm. Er mochte ihn, denn Metellus war nicht nur ein umsichtiger Anführer, er hatte auch stets das Wohlergehen und die Sicherheit seiner Männer im Blick. Der Zenturio saß neben einem Kohlefeuer und ließ seinen Untergebenen stehen, doch er lächelte ihn breit an.

„Valerianus hat dich lobend erwähnt. Er sagte, du hättest ihn in kritischen Situationen gut unterstützt."

Flavius streckte sich. Ein Lob aus dem Munde des Zenturios gab es selten.

„Danke, das ist sehr freundlich."

„Er hatte aber auch etwas auszusetzen." Metellus machte eine Pause und sah seinen Legionär durchdringend an. Was würde jetzt kommen? Dass der Wasserschlauch undicht war?

„Er hatte den Eindruck, du seiest nicht mehr so fit. Du hinkst? Eine Verletzung?"

„Der Pfeil eines Germanen hat mich vor vier Jahren getroffen. Die Spitze steckt noch im Bein."

„Ja, ich erinnere mich. Wir hatten darüber gesprochen. Lucius erwähnte, dass du vor einiger Zeit deine vorzeitige Entlassung beantragt hättest."

„Das ist richtig, doch jetzt geht es mir wieder besser."

„Valerianus empfahl mir, sie zu genehmigen. Darüber kann ich mich nicht hinwegsetzen, du verstehst? Nicht? Egal! Sechs Meilen südlich von hier liegt unweit eines kleinen Ortes ein Weinberg, der sollte passen. Er ist ausreichend groß. Es gibt eine Villa rustica. Der Besitzer konnte mehrere Jahre lang seine Steuern nicht bezahlen. Kennst du dich aus mit Wein?"

„Ich trinke ihn gerne."

„Das wird dir nicht helfen, aber das ist mit Schafen auch nicht anders. Such dir einfach Hilfe. Lucius gibt dir die Entlassungspapiere und die Besitzurkunde. Du kannst gehen. Alles Gute!"

Flavius konnte sein Glück kaum fassen. Er verkaufte einen Großteil seiner militärischen Ausrüstung an seine

Kameraden, denn er hatte zu wenig Geld gespart, um lange über die Runden zu kommen. Nur sein Schild, den Brustpanzer, die Lanze und natürlich sein Schwert behielt er. Sich wehren zu können, war in dieser Gegend nicht zu unterschätzen.

Drei Tage später stand er tatsächlich vor seinem Weinberg. Der war während seiner Reise in seiner Vorstellung jeden Tag gewachsen, ebenso die Villa: ein mehrstöckiges Gebäude? Mit eigener Therme? Die Realität sah dann anders aus. Immerhin war das Grundstück von einer massiven Mauer umgeben und groß genug, um vortrefflich davon zu leben. Davor saß ein Bettler, der erstaunt aufsah, als Flavius das Tor öffnete und sein Eigentum betrat. Die Reben drinnen sahen verwildert aus. Sie hingen zwar voller Trauben, kein Wunder, denn die Erntezeit stand kurz bevor, doch die einzelnen Beeren waren winzig. Er zupfte eine ab und steckte sie sich in den Mund – sauer! Die „Villa rustica" brachte den nächsten Schock. Gut, sie bestand aus drei Flügeln, war aber beengt und einstöckig. Den Boden im Hauptraum des mittleren Flügels schmückte ein Mosaik, im linken lag die Kelter mit einigen gewaltigen Tongefäßen und einer Weinpresse, im rechten zwei Kammern und die Küche. Nirgends standen Möbel, und noch schlimmer war, dass es nicht einmal ein Dach gab. In Richtung Tor lag außerdem ein Stall aus Brettern, in dem ein paar Tiere und Gerätschaften Platz hatten. Auch er erwies sich bis auf sehr viel Stroh als leer. Wenigstens war er gedeckt. Hier platzierte Flavius seine Sachen. Danach riss er eine größere Traube ab und ging zu dem armen Mann hinaus. Er reichte ihm die Traube.

„Möchtest du?"

Der Bettler packte sie, aß zwei oder drei Beeren, verzog das Gesicht, stopfte dann aber hastig auch den Rest in sich hinein.

„Weißt du, warum das Haus kein Dach hat?"

„Die Römer haben die Ziegel und alles andere weggeschleppt als Anzahlung für meine Schulden."

„Deine Schulden? Dann war das dein Weinberg?"

Der Mann nickte. Den ehemaligen Legionär überfielen Gewissensbisse. War es in Ordnung, dass er, der keine Ahnung von Weinbau hatte, ab jetzt Herr über das Anwesen sein sollte, nur weil er lange genug Dienst in der römischen Legion abgeleistet hat? Dass aus einem ehemals wohlhabenden Winzer ein armer Bettler geworden war? Wenigstens war der sich nicht zu gut, mit Flavius zu sprechen.

„Wie heißt du?"

„Jakob, der Sohn des Timotheus."

„Nun Jakob, willst du für mich arbeiten?"

„Seit man mich vertrieben hat, sehne ich mich nach zu Hause, Herr, aber ich bin schwach und werde Euch wenig nützen. Schon lange habe ich kaum noch zu essen."

„Kraft habe ich selbst. Ich brauche dein Wissen und dann füttern wir dich wieder heraus."

Dieses Versprechen war allerdings nicht leicht einzuhalten, denn Flavius hatte zu wenig gespart für die anstehenden Reparaturarbeiten, und der Wein, den sie aus den sauren Beeren herstellen konnten, würde sich nur zu einem Spottpreis an den Mann bringen lassen. Nach einigen Wochen kehrte er deshalb zum Kastell in Jerusalem zurück und machte dort sein Schild und seinen Brustpanzer zu Geld. Das reichte, um das Dach notdürftig mit Brettern abzudecken.

„Warum habt Ihr nicht auch Euer Schwert und Eure Lanze verkauft?", fragte ihn Jakob, als er zurückkam, „Mit dem Erlös hätten wir das Haupthaus mit Ziegeln decken können."

„Mein Schwert? Niemals! Weißt du, ich sage immer: Gegen einen bösen Mann mit einem Schwert hilft nur ein guter Mann mit einem Schwert."

Die beiden versuchten, das Beste aus der Situation zu machen. Flavius, weil ihn die Herausforderung anspornte und Jakob, weil er seinen alten Weinberg liebte. Doch das Thema kam immer wieder zurück.

„Wir brauchen eine Harke, um den Boden zu lockern", bemerkte Jakob, als der Wein in den Amphoren gärte.

„Wir benötigen Winzermesser, um die Weinstöcke zurückzuschneiden, sonst haben wir im nächsten Jahr wieder nichts als saures Wasser."

Das Schwert erwies sich dazu als zu schwer, unhandlich und zu wenig scharf, aber Flavius blieb Soldat. Nein, von seiner Waffe konnte er sich nicht trennen. Immer noch sah er die Judäer als Feinde an. Es gelang ihm nicht einmal, Kontakt zu den Nachbarn aufzunehmen, die viele Schafe und Ziegen hatten – nicht einmal mit den Hirten war er bisher ins Gespräch gekommen. Und selbst Jakob wurde von vielen gemieden, zum einen, weil er für einen Römer arbeitete, zum anderen, weil manche seinen Verlust des Weinbergs für eine Strafe Gottes hielten.

Dann kam der Winter. Es gab draußen kaum noch zu tun. Doch im benachbarten Ort wimmelte es plötzlich überall von Menschen.

„Warum sind denn gerade so viele Leute in Betlehem?", fragte Flavius eines Abends seinen Mitarbeiter.

„Sie befolgen einen Aufruf des Kaisers. Wir müssen uns in unseren Heimatgemeinden in Steuerlisten eintragen lassen, und Bethlehem ist die Stadt Davids, deshalb ist hier alles voll."

Flavius lachte. Natürlich! Er hatte ja selbst geholfen, diese Botschaft zu verkünden. Aber ihn ging das nichts an. Er war kein Judäer und vorerst von Steuern befreit. Und dann betraf ihn der Aufruf doch noch.

Es war eisig. Flavius und der Winzer hatten im Haus ein Kohlenfeuer entfacht. Zudem verbrannten sie altes Holz von Reben, die Jakob schon vor mehreren Jahren abgeschnitten hatte. Das wärmte, und sie konnten sich eine dünne Linsensuppe darauf kochen. Als es dämmerte, hörten sie am Tor jemanden rufen. Ungewöhnlich, denn sie bekamen sonst nie Besuch. Jakob legte sich eine Decke um die Schultern und ging mit einer Öllampe nach draußen. Erst war Flavius dankbar für den Dienst, dann aber gewannen seine Neugier und Vorsicht die Überhand. Er packte sein Schwert und folgte Jakob nach draußen. Vor dem Tor standen ein Mann und eine Frau mit einem Esel.

„Nein, es tut mir schrecklich leid, wir haben keine Gästezimmer", hörte er Jakob sagen. Da fiel das Licht der Lampe auf das Gesicht der Frau, und Flavius erinnerte sich sofort. Sie war es, die ihm in Nazareth Wasser gegeben hatte.

„Er hat recht", mischte der ehemalige Legionär sich ein, „aber wir selbst haben viele Nächte dort im Stall geschlafen. Die Tür ist dicht, und es gibt genug Stroh. Ihr könnt auch gerne erst nach etwas Besserem suchen und zurückkommen, falls sich nichts findet."

„Der Friede sei mit dir, Fremder", erwiderte der Mann, „aber meine Ehefrau ist erschöpft, und wir wären überaus glücklich, wenn wir hierbleiben dürften."

„Dann seid willkommen."

Etwas später schickte Flavius Jakob zudem mit den Resten der Suppe und einer kleinen Öllampe zu dem Paar. Er sah dem Judäer an, dass er sich über seine Großzügigkeit wunderte. Deshalb erzählte er ihm, als er wieder zurückkam, von seinem Erlebnis in Nazareth. Wenig später legten sich beide schlafen.

Doch heute sollten sie keine Ruhe finden. Als ehemaliger Legionär war Flavius darauf gedrillt, selbst im Tiefschlaf auf Gefahren zu achten. Deshalb wachte er mitten in der Nacht auf. Draußen war irgendetwas los. Da trieb sich jemand herum! Waren es Räuber, die das Paar überfielen? Er sprang aus dem Bett, weckte Jakob, packte Schwert und Lanze und stürmte hinaus. Tatsächlich strahlte es um den Stall viel heller, als es durch die mickrige Öllampe möglich gewesen wäre, und ja, da waren Menschen. Sie drängten sich um den Stall. Wie Diebe sahen sie aber nicht aus. Flavius ging nun langsamer auf das Gebäude zu. Die Leute trugen Stäbe in der Hand. Fast alle waren mit Schafsfellen bekleidet. Es mussten Hirten sein. Sie fuhren zusammen und traten beiseite, als sie bemerkten, dass er ein Schwert mit sich führte, doch keiner schien wirklich Angst zu haben. Flavius drängte sich durch die Tür des Stalls. Auch innen war überall Licht, und vor dem Stroh knieten drei ältere Schäfer. Marias Mann stand neben ihnen. Maria lag abseits blass auf einer Decke. Der Römer ging näher an die knienden Hirten heran und erkannte, dass sie sich um ein Neugeborenes geschart hatten. Es lag in Windeln gewickelt auf einem Schafsfell, und irgendwie hatte Flavius das Gefühl, all das Licht im Raum gehe von ihm aus. Er kniete sich hin und staunte. Kurz darauf trat Jakob hinter ihn. Er wandte sich um, gab ihm Schwert und Lanze und sagte:

„Geh morgen zum Schmied. Er soll eine Harke aus dem Schwert fertigen und zwei Winzermesser aus der Lanze. Nur den Schwertgriff behalte ich."

DER BLICK

Denn auf die Niedrigkeit seiner Magd hat er geschaut.
(Lukas 1,48)

Der Mann trug eine Art schmuddelig-weiße Albe, wie ein Priester, der sich noch nicht fertig angezogen hatte. Seine grauen Haare waren vermutlich irgendwann blond gewesen. Er stand direkt neben dem Duft ausströmenden Hüttchen des Maronenmanns. Der sanfte Nieselregen schien ihn nicht zu stören – wäre es nur drei Grad kälter, hätten es feine Schneeflocken sein können, wie es sich für Mitte Dezember eigentlich gehörte! Auch die Blicke der Weihnachtsmarktbesucher perlten an ihm ab und selbst, dass manche die Richtung wechselten, weil sie nicht von ihm angesprochen werden wollten, ließ ihn äußerlich unbeeindruckt. An jeden – ob Mann oder Frau –, der ihm nahe genug kam, richtete er dieselbe Frage:

„Was haben Sie mit Maria gemein?"

Die wenigsten gaben ihm eine Antwort, und wenn, dann murmelten sie nur ein verständnisloses „Was?" und eilten weiter. Auch „Nichts", gelegentlich ergänzt durch „Nichts, ich bin nicht mal eine Frau", stand hoch im Kurs. Mancher hatte eine passende Erwiderung parat und scherzte: „Ich bin genauso unschuldig." Oder: „Ich habe keinen Mann erkannt." – das sagte ein ca. zwanzigjähriger Kerl und lachte noch lange darüber. Bei nicht wenigen rief die Frage jedoch so etwas wie einen Gedankenohrwurm hervor: Was wollte der Fremde? Was hat er gemeint? Und was war das überhaupt für ein Typ? Nicht selten kamen sie später im Bett oder beim Frühstück am nächsten Morgen auf ihre ganz persönliche Antwort. Ich hätte ihm sagen können, dass … Ach, wenn ich doch schlagfertiger reagieren würde!

Bei Eva verhielt sich die Sache etwas anders. Ihr war der Mann gleich aufgefallen, als sie über den Weihnachtsmarkt schlenderte, um Geschenke für ihre Eltern und ihre Schwester zu suchen. Aber reflexartig war sie ihm beim ersten Mal ausgewichen, weil sie vermutete, dass er zu irgendeiner Sekte gehörte. Wer sonst trug solch seltsame Kleidung, die nicht mal richtig sauber war? Doch von Ferne bemerkte sie, dass kaum jemand bei ihm stehen blieb, und das machte sie neugierig. Und außerdem, wenn er ihr eine Frage stellte, dann interessierte er sich für sie. In letzter Zeit hatte sie immer mehr das Gefühl, dass niemand ihr Beachtung schenkte, von ihrer Familie einmal abgesehen. Klar: ein kindischer Gedanke!

Eva fand für ihre Mutter ein paar ungewöhnliche, auffallende Ohrringe aus Filz, für ihren Vater Dauerbackpapier mit einem Stern von Bethlehem darauf und für ihre Schwester eine Handyhülle aus Leder von Rindern aus artgerechter Tierhaltung. Nun hätte sie nach Hause gehen können, aber sie entschied, sich ansprechen zu lassen, um wenigstens zu erfahren, was die Frage war. Sie passte den Moment ab, in dem sich niemand in der Nähe des weißen Mannes befand, und ging dann Schritt für Schritt auf ihn zu. Fast hatte sie ihn erreicht, da überholte sie eine alte Dame, und der Fremde sprach diese an. Eva war nahe genug, seine tiefe, beruhigende Stimme zu hören, aber sie konnte den Wortlaut der Frage nicht verstehen, nur das Wort „Maria". Kurz vor Weihnachten war damit klar, dass es um Religion und das Fest ging. Evas Eltern waren nach ihrer Erstkommunion aus der Kirche ausgetreten, weil sie sich über irgendetwas in den kirchlichen Strukturen geärgert und ohnehin kaum Interesse an dem Thema hatten. Damit endete für Eva das Kapitel Glaube eigentlich. Doch ihre Oma war tiefgläubig gewesen, im Wohn- und Schlafzimmer, ja selbst im Flur hatte ein Kreuz gehangen. Vor dem Essen wurde gebetet, und wenn Eva bei ihr übernachtet hatte, sprach die Oma ein Abendgebet, bevor sie ihr Licht ausgemacht hatte. Das waren für Eva behütete Tage und unvergessliche Erinnerungen. Die Oma war vor drei Jahren gestorben. Seltsam, dass dieser Fremde sie gerade heute wieder an die Großmutter erinnerte. Welche Frage hätte er ihr wohl gestellt? Ob sie weiß, wer Maria ist? Klar wusste sie das, und viele hätten das genauso beantworten können. Es musste irgendetwas anderes sein, doch wie sollte sie das herausfinden? Sie konnte kaum nochmal an ihm vorbeilaufen, ohne aufzufallen. Trotzdem drehte sie sich noch einmal um und erschrak, denn der Mann blickte ihr nach. Sie sah in seine tiefen dunkelbraunen Augen, und seine Kleidung erschien gleich etwas weißer.

Der Fremde schaute der jungen Frau eine Zeit lang hinterher, selbst als sie für Menschen längst außer Sichtweite war. Er ließ dabei drei Passanten an sich vorbeiziehen, ohne sich an sie zu wenden. Erst als er den Blick eines kleinen Kindes auf sich spürte, kehrte er zu seiner Aufgabe zurück und fragte die Mutter:

„Was haben Sie mit Maria gemein?"

„Ich weiß nicht", entgegnete diese, „Maria war hochschwanger, aber wenigstens steckte sie nicht bis über dem Kopf in Weihnachtsvorbereitungen. Sammeln Sie Spenden?"

„Nein, es geht mir nicht um Geld", antwortete der grauhaarige Mann in Weiß.

Vier Tage später war Evas Vormittag wie eine Gefühlsachterbahn verlaufen. Ihr Geschichtslehrer hatte ihr am Anfang der ersten Stunde vor der ganzen Klasse verkündet, dass sie im Geschichtswettbewerb des Bundespräsidenten in die Endausscheidung gekommen sei. Damit hatte sie nie gerechnet, und am liebsten hätte sie ihren Lehrer oder wenigsten ihre Banknachbarin Jana umarmt. Ihre Eltern würden stolz auf sie sein, vielleicht würde sie nach dem Abitur Geschichte studieren. Doch später in der Pause bemerkte sie, dass ihre Mitschülerinnen keinerlei Interesse an ihrem Erfolg hatten. Niemand gratulierte, keine stellte Fragen. Alle redeten nur über die immer gleichen Themen: Lehrer, K-Pop, die Geschenke, die sie Weihnachten hoffentlich bekommen würden. Nicht, dass sie gemobbt wurde oder jemand sie für eine Streberin hielt, das war sie nicht. Ein Aufsatz zum Thema „Mehr als ein Dach über dem Kopf. Wohnen hat Geschichte" war schlicht uninteressant. Aber vielleicht interessierte sich einfach nur keiner für Eva. Der Erfolg erhielt so einen bitteren Nachgeschmack. Ob sie überhaupt ihren Eltern davon erzählen würde?

Da erinnerte sie sich an den weißgekleideten Mann und an seinen intensiven Blick. Früher war Eva gerne zusammen mit ihrer Schwester auf den Weihnachtsmarkt gegangen, doch die studierte jetzt und lebte zweihundert Kilometer weit weg. Sollte sie heute allein gehen? Ja! Sie wollte unbedingt wissen, welche Fragen der Mann stellte und ob er sich wirklich für sie interessierte. So beschloss sie, nach dem Unterricht nochmal kurz in die Stadtmitte zu fahren. Ob er wohl noch da war?

Das war er. Er stand weiterhin neben dem Maronenmann. Aber seine Kleidung erschien heute anders. Sie war nicht mehr schmuddelig, vielmehr strahlte sie wie von innen beleuchtet. Vielleicht war es am unauffälligsten, wenn sich Eva eine Tüte mit Kastanien kaufte. Sie mochte zwar das mehlige Gefühl auf der Zunge nicht sonderlich, aber das war ja egal. Diesmal kam niemand dazwischen. Als Eva an dem Mann vorüberging, schaute er sie forschend an, dann fragte er:

„Was haben Sie mit Maria gemein?"

Eine seltsame Frage, kaum geeignet, um über den Wettbewerb zu erzählen. Trotzdem blieb sie stehen.

„Wie meinen Sie das denn genau?", fragte sie. Zum Glück antwortete er darauf nicht mit einem „Na jetzt denk doch mal nach, so schwer ist das nicht", wie es ihr Biologielehrer gelegentlich tat. Wieder blickte sie ihm in die Augen und fühlte sich voll und ganz durchschaut. Er wusste es wahrscheinlich.

„Sie wissen es bestimmt, sonst würden Sie mich nicht fragen. Was habe ich denn mit Maria gemein? Sagen Sie es mir! Ich habe keine Ahnung."

Er lächelte. „Natürlich weißt du es."

Also doch! Dann war das nur eine weitere frustrierende Erfahrung. Eva schüttelte den Kopf, drehte sich um und schlich davon. Auf Maronen hatte sie nun erst recht keine Lust. Wieder blickte ihr der Mann nach, so lange bis Eva sich nochmal umdrehte und ihm direkt in seine alten weisen Augen sah. Ein Gedanke schoss ihr durch den Kopf, er schien geradewegs aus diesen Augen zu kommen:

„Gott schaut auf dich."

Und im gleichen Augenblick war der Engel hinter den anderen Menschen verschwunden.

APFELKUCHEN FÜR DAS MONSTER

Zur Höhle der Schlange streckt das Kind seine Hand aus.
(Jesaja 11,8)

Mariannes Sohn Luis schaute sich nochmal um und winkte ihr abwesend zu, dann stapfte er schwerfällig davon in Richtung Schule. Wie lange würde das noch so sein? Bald würde er versuchen, sich von ihr abzukapseln, nicht mehr umarmt werden wollen und seinen eigenen Weg gehen. Das war richtig und normal und doch für sie schmerzlich. Der Zehnjährige war seit seiner Geburt ihr Lebensmittelpunkt gewesen. Sie hatte sich bemüht, ihm so viele Möglichkeiten zur Entwicklung offenzuhalten, wie sie konnte. Deshalb war Luis sehr aufgeschlossen, lediglich für Sport hatte sie ihn nie begeistern können. Er liebte Lesen und Schokolade.

Marianne wollte bereits die Tür hinter sich schließen, da sah sie ihn wieder, diesen Typen auf der anderen Seite der Straße. Hatte er auf ihr Kind gewartet? Oder nahm er zufällig diesen Weg? War er gestern auch da gewesen? Und am

Freitag? Letzten Mittwoch auf jeden Fall, da hatte sie die Mülltonnen vor die Einfahrt gestellt, als Luis ging, und der Kerl hatte ihr sogar frech zugenickt. Eine komische Figur, er hatte irgendwas im Gesicht, einen roten Fleck oder so, das konnte sie auf diese Entfernung und ohne Brille nicht genau sagen. Er trug ein bedrucktes schwarzes T-Shirt und eine braune Hose, dazu Sandalen mit Socken. Das sagte alles. Marianne eilte in den ersten Stock durch ihr Schlafzimmer auf den Balkon. Von dort konnte sie ihren Sohn noch eine Zeit lang beobachten. Das Kind trödelte wieder mal. Statt zu versuchen, seine Mitschüler einzuholen, hielt er eher Abstand. Der Kerl mit den Sandalen tat dasselbe.

Luis konnte hier nichts passieren. Das ganze Viertel war auf den Beinen, zur Schule, zur Arbeit oder wohin auch immer. Und es war nur ein knapper Kilometer bis zum Schulgelände. Die denkbar schlechtesten Umstände, um sich unbemerkt an einen Jungen heranzumachen. Normalerweise war Marianne nicht sonderlich ängstlich. Man musste den Kindern etwas zutrauen, und Luis mit dem Wagen zum Unterricht zu bringen wäre ihr nie eingefallen, doch da war dieser Artikel in der Zeitung gewesen. In einem Ort, fünfzig Kilometer von ihr, war ein Zwölfjähriger in ein Auto gezogen worden und – wenigstens hatte er überlebt. Er stand jedoch so unter Schock, dass er keine Täterbeschreibung abgeben konnte. Zumindest hat man Genmaterial des Verbrechers gesichert. Der Kerl, der ihrem Sohn folgte, war zu Fuß, doch vielleicht spähte er sein nächstes Opfer aus?

Das alles ließ Marianne den ganzen Vormittag keine Ruhe. Sie beschloss, mit Luis' Vater über dieses Thema zu sprechen, wenn er am Samstag von seiner Dienstreise zurückkam. Heute musste sie es anders lösen, denn das war keine Problematik für eine Signal-Nachricht. Um 12:15 Uhr schnappte sie sich ihr Fahrrad und fuhr damit zum Netto. Eigentlich brauchte sie nichts, aber sie kaufte Äpfel und einen Joghurt. Auf dem Rückweg kam sie „zufällig" kurz nach Unterrichtsende an der Schule vorbei. Und tatsächlich kam Luis auch als einer der Ersten aus dem Gebäude. Allein. Er stürmte auf seine Mutter zu, packte seinen Schulranzen auf ihren Gepäckträger und begann sofort davon zu erzählen, dass Frau Liebknecht heute Lehrprobe gehabt hatte und alle ganz brav gewesen seien. Er war eines der wenigen Kinder, die gerne, oft und langatmig von der Schule berichteten. Mariannes Freundinnen beklagten sich oft, dass sie gar nichts erfuhren, es sei denn, die Lehrerin unterrichtete sie über ein unerfreuliches Ereignis. Marianne schaute sich mehrmals um, der Verdächtige war weit und breit nicht zu sehen.

Am nächsten Tag warf sie, schon als Luis noch am Frühstückstisch saß, eine einzelne Flasche in die Glastonne, und fünf Minuten, bevor er wegging, rollte sie die Tonnen an die Straße. Der Kerl ließ sich nicht blicken. Wie am Vortag behielt sie ihren Sohn vom Schlafzimmerbalkon aus im Auge. Er zog allein seine Wege. Auch als er zurückkam, wurde er nicht verfolgt. Marianne beruhigte sich ein wenig. Entweder der Typ hatte bemerkt, dass er beobachtet worden war und hatte sich deshalb ein anderes Opfer gesucht, oder er war wirklich harmlos. Der Donnerstagmorgen verlief genauso, aber der Nachmittag änderte alles.

Sie war zur Vorsicht wieder mit dem Rad „einkaufen gefahren". Doch diesmal kam Luis nicht aus dem Gebäude, auch keiner seiner Klassenkameraden. Sie geriet in Panik. Wenn ihr Sohn früher aus hatte, wartete er allein vor dem Haus, jeder Bedrohung ausgeliefert! Sie beschloss, nicht weiter zu warten, sondern trat in die Pedale. Auf dem Weg kam sie an drei seiner Mitschüler vorbei, kräftige Jungs aus der Siedlung, die oft zusammen Fußball spielten. Sie standen vor einer Bank und schauten sie verunsichert an. Aus der Ferne erkannte Marianne, dass Luis bereits an der Haustür war. Und der Fremde würde ihn mit zehn Schritten erreichen. Sie raste an ihm vorbei, dann sprang sie vom Rad und blockierte ihm damit den Weg.

Jetzt betrachtete sie den Mann zum ersten Mal genauer. Er sah furchterregend aus. Seine rechte Gesichtshälfte war nicht nur rot, sondern voller Narben. Er konnte den rechten Mundwinkel offensichtlich nicht mehr ganz schließen, weil ein Teil der Lippe fehlte, ebenso ein Stück des Ohres und darüber besaß er über einer größeren Fläche keine Kopfhaare.

„Warum verfolgen Sie meinen Jungen!", schrie ihn Marianne an. Der Kerl antwortete nicht, sondern schaute zu Boden.

„Wollen Sie es leugnen? Sie sind ihm am vorletzten Mittwoch und vorgestern nachgeschlichen und heute wieder!"

Immer noch reagierte er nicht. Wenigstens war er nicht aggressiv. Er ließ vielmehr die Arme schuldbewusst hängen.

Da stupste Marianne jemand von hinten an. Es war Luis.

„Mama, können wir reingehen?"

Offensichtlich hatte er Angst. Und er hatte recht. Seine Mutter ließ den Kerl stehen, wandte ihr Fahrrad um und schob es in Richtung Haus, doch dann sagte ihr Sohn:

„Tom, kommst du mit?"

Was? Hatte sie sich verhört? Luis hatte diese Person an der Hand gepackt und zog ihn hinter sich her.

„Ich erklär's dir gleich, Mama. Ich will nicht, dass die anderen merken, dass ich ihn sehe", sagte er. Sie war entsetzt. Dieser Kerl kam ihr nicht ins Haus! Andererseits wusste Luis etwas, und er sollte nicht daran zweifeln, dass sie ihm vertraute. Nein, rein wollte sie ihn nicht lassen, doch es gab einen Ausweg. Marianne führte die beiden um das Gebäude herum durch den Garten auf die Terrasse, die war von der Straße aus nicht einsehbar.

„Ihr kennt euch?" Sie schaute ihren Sohn an.

„Ja, Mama, schon über einen Monat. Weißt du noch? Ich bin mal hingefallen und habe mir die Knie und die Hände aufgeschürft. Da bin ich gar nicht hingefallen."

„Sondern?"

„Mario und die anderen haben mich geschubst. Die sind schon lange gemein zu mir. Sie rufen Fettkloß und solche Sachen. Und ich glaube, sie wollten mich verprügeln. Aber da ist Tom gekommen und ist auf sie zugegangen. Da sind sie davongelaufen."

Luis schaute Tom lächelnd an.

„Und warum willst du nicht, dass die anderen merken, dass du ihn siehst?"

„Tom hat mich nach Hause begleitet und gesagt, ich soll zu den dreien sagen, dass ich ihn nicht sehe. Dass er der

Teufel ist, den nur sie sehen, weil sie so böse sind. Und das habe ich getan. Sie haben gelacht, aber sie lassen mich in Ruhe und wenn Tom kommt, laufen sie weg oder bleiben stehen."

Marianne starrte ihren Sohn an, dann blickte sie den Fremden an und zeigte auf die Stühle am Terrassentisch:

„Darf ich Ihnen einen Kaffee und ein Stück Apfelkuchen als Entschuldigung anbieten?"

Tom nickte, und Marianne bemerkte, dass er mit dem linken Auge überaus herzlich lächeln konnte.

DIE UNGESCHRIEBENE
WUNSCHLISTE

Sie brachten ihm Gold, Weihrauch und Myrrhe als Gaben dar. (Matthäus 2,11)

Zwei Wochen vor Weihnachten kam Caro vollbepackt mit Einkaufstaschen in die Wohnung zurück. Sie war erschöpft, doch zufrieden. Geschenke kaufen gehörte für sie zur Weihnachtszeit, und das Schenken bereitete ihr Freude. Sie legte Wert darauf, für jeden eine Überraschung zu haben, die genau zu der Person passte, daneben bemühte sie sich natürlich auch, die wichtigsten Wünsche zu erfüllen. Sie hatte das ganze Jahr über ein offenes Ohr, und wenn eines ihrer Kinder oder ihr Mann äußerte, dass er etwas brauchte oder hübsch fand, kam das auf eine Liste.

Caro packte die Tüten ins Versteck und ließ sich ein Bad ein. Ihre Beine waren bleischwer, und diese Erholung wollte sie sich gönnen. Alexander würde heute später heimkommen, denn am Jahresschluss gab es besonders viel Arbeit in der Firma.

Ob er wohl etwas für sie haben würde? Am Wochenende hatte sie ihn zum Shopping mitgenommen und stets deutlich ihr Entzücken über alles zum Ausdruck gebracht, was ihr gefiel, aber er registrierte sowas ja nie! Dabei wollte sie ihm die Gelegenheit geben, sie mit irgendetwas zu überraschen. Sie ließ sich so gerne überraschen – leider gelang das ihrem Ehemann selten. Für ihn war das unwichtig und das Geschenkekaufen lediglich Nepp des Einzelhandels, der am Wesentlichen des Weihnachtsfestes vorbeiführte. Das stimmte sicherlich, doch es war auch nicht falsch, geliebten Menschen eine Freude zu bereiten.

Das Schlimmste war, dass Alexanders Stimmung bis zum Heiligen Abend meist beständig mieser wurde, da er wusste, dass er einkaufen sollte, aber keine Ideen hatte. Wenn er nur besser zuhören würde – Männer! Wenigstens hatten sie vereinbart, dass er Geschenke für ihren Sohn Niklas und sie etwas für ihre Tochter Sabrina besorgte. Bei Niklas war das einfach, weil er wie Alexander gerne Krimis las und gerade in eine Studentenwohnung eingezogen war, wo man stets nützliche Dinge brauchen konnte. Sabrina äußerte in der Regel deutlich, was sie sich wünschte, meist hundert Kleinigkeiten. Dabei war ihr Handy bereits fünf Jahre alt, doch sie hing daran und wollte es nutzen, bis es seinen Geist aufgab, das sei nachhaltiger.

Caro lag schon eine halbe Stunde im Wasser, da hörte sie, dass sich die Wohnungstür öffnete. Alexander rief ein gut gelauntes Hallo. Sie überlegte sich, ob sie erwähnen sollte, dass sie einkaufen war, denn sie wollte ihm nicht die Stimmung verderben, da kam er ins Bad. Er beugte sich zu ihr herunter und drückte ihr einen Schmatz auf die feuchten Haare.

„Hattest du einen stressigen Tag?"

„Na ja, fußmüde. Ich war nach der Kanzlei Geschenke kaufen."

„Ah, schön. Brauchst du noch was?"

„Nein eigentlich nicht. Ich komme gleich."

„Ich richte schon mal das Abendessen her", sagte Alexander, hob ihr Badetuch auf und hängte es auf den Handtuchwärmer. Er war wirklich bestens gelaunt. Sie sollte das Thema Geschenke heute besser nicht vertiefen.

Zwanzig Minuten später saßen sie zusammen am Esstisch. Am Abend aßen sie gemeinsam kalt, Brot mit Wurst und Käse, weil sie mittags in die Kantine gingen. Caro hatte sich in einen Bademantel gehüllt und Alexander inzwischen den Anzug gegen Jeans und Hemd gewechselt. Dummerweise fing er an:

„Und? Schöne Geschenke gekauft?"

Klar, sie hatte einen teuren Cognac für ihn und einen geflochtenen Gürtel, aber das würde sie ihm nicht verraten.

„Ja, Sabrina wollte eine Küchenwaage. Ich habe ihr im Antiquitätengeschäft eine Jugendstil-Krämerwaage mit Gewichten gekauft, nur fünfzig Euro. Und etwas für meinen Göttergatten. Was wird nicht preisgegeben."

„Selbstverständlich nicht. Ich habe auch schon was für dich."

Was! Das konnte nicht sein. Das war nicht Alexander! Caro konnte kaum stillsitzen. Sollte diese Adventszeit wirklich ohne miese Laune vergehen?

„Echt? Was denn?"

„Na, rate mal!"

„Doch nicht das blaue Kleid mit den durchbrochenen Ärmeln, das ich in Marinas Klamottenboutique anprobiert habe?"

Ihr Mann lächelte verschmitzt und wackelte mit dem Kopf. Also nicht.

„Den altrosa Schal bei C und P oder den senffarbenen Pulli?"

Sie beobachtete ihn aus den Augenwinkeln, aber er verriet sich nicht.

„Vielleicht das lange rote Abendkleid?"

„Caro", bremste Alexander sie, „du glaubst doch nicht wirklich, dass ich dir Kleidung kaufen würde. Ich würde weder deinen Geschmack treffen, noch wüsste ich deine genaue Kleidergröße."

„Zweiundvierzig", antwortete sie spontan und bereute es gleich wieder. Bei ihrer Hochzeit war sie spindeldürr gewesen. Egal, er hätte auch einfach auf ein Schildchen in einem ihrer Kleider schauen können.

„Ah, genau wie Marilyn Monroe."

„Was! Echt? Woher weißt du das?"

„Aus dem Playboy."

„Trottel!"

Alexander las nur regelmäßig den SPIEGEL und hatte irgendeine Computerzeitschrift abonniert. Da war sie sich ganz sicher.

„Na ja, irgendwo im Internet gelesen. Also, versuch's nochmal. Keine Kleidung."

„Schmuck? Die auffälligen Ohrringe mit dem Amethyst bei Gold Willie. Oder nein: das zarte Bernsteinarmband. Keine neue Uhr, oder?"

„Nein, keine Uhr. Die musst du dir selber aussuchen. Aber ich seh schon, du bist nicht gut im Raten. Morgen kommen übrigens ein paar Bücher, die ich für Niklas bestellt habe."

„Ach, wir wollten doch nichts im Internet kaufen."

„Nicht bei Amazon! Man kann seit der Krise sogar bei unserem Buchladen im Ortsteil über das Web bestellen. Das bieten jetzt ganz viele an."

Der Rest der Adventszeit verlief, abgesehen vom üblichen Stress, tatsächlich ohne Aufregung. Am 22. Dezember kamen die Kinder nach Hause. Die vier schmückten gemeinsam den Christbaum, stellten eine ausladende selbstgemachte Krippe auf. Den Heiligen Abend verbrachten sie auf die gewohnt traditionelle Weise. Würstchen mit Kartoffelsalat zum Abendessen, um 21:00 Uhr besuchten sie die Christmette und erst danach packten sie die Geschenke aus.

Caro war ganz zappelig. Aber natürlich kamen zuerst die Kinder dran. Sabrina hatte sich eine seelenlose elektronische Waage vorgestellt und war deshalb hin und weg von dem mechanischen Teil. Niklas zeigte nie, wie sehr ihm etwas gefiel, doch er beschäftigte sich ausführlich mit seinem Werkzeugkasten, und eines der Bücher, das Alexander für ihn ausgesucht hatte, konnte er kaum aus der Hand legen. Dann kam traditionell erst der Göttergatte an die Reihe – weil Caro sich die Spannung möglichst lang erhalten wollte. Die Kinder hatten ihm Karten für ein Rockkonzert besorgt und Niklas würde sogar mitgehen. Caro war froh, dass ihr das erspart blieb. Der Cognac war genau nach seinem Geschmack, und auch sonst war er zufrieden.

Endlich packte sie aus. Ein Schaumbad, wie nett, ein Buch, das ihr Sabrina ausgesucht hat: *Die letzte Flaschenpost*, Caro war begeistert von Liebesromanen. Und im großen Paket? Da war tatsächlich das blaue Kleid und im nächsten dann noch der altrosa Schal, und in einem kleinen Päckchen versteckte sich das Bernsteinarmband. Caro war selig. Hatte ihr Alexander beim Shoppen doch aufgepasst!

DAS ZEICHEN DES HIMMELS

Wir haben seinen Stern aufgehen sehen. (Matthäus 2,2)

Die Heiligen Vier Könige Caspar, Melchior, Balthasar und Isaac waren eng befreundet. Sie bewohnten zusammen eine gewaltige Burg am Vierländereck ihrer Reiche. Jedem gehörte ein Teil der Anlage, doch bei Angriffen verteidigten sie sich gemeinsam. Das war selten nötig, denn die Römer waren noch weit weg, und sie selbst besaßen keine großen Reichtümer. Zudem waren die Vier Weisen überall angesehen, und gerne kamen Menschen zu ihnen, um sich Rat zu holen oder um Vermittlung zu bitten.

Wie so oft saßen die vier an diesem 24. Dezember im Turm zusammen, der in der Mitte der Burg stand, philosophierten, diskutierten und tüftelten an einem Bewässerungssystem für die Felder ihrer Bauern, damit diese mehr ernten und nie Hunger leiden müssten. Da kam Isaacs Sohn Albert in den Saal gerannt. In der Tür bremste er, streckte sich und stolzierte gemessenen Schrittes auf seinen Vater zu. Er wartete, bis niemand mehr sprach, dann flüsterte er:

„Herr Vater, ich habe oben auf dem Turm einen Stern gesehen."

Der alte König Isaac lachte: „Natürlich hast du oben auf dem Turm einen Stern gesehen, Albert. Der Himmel ist wolkenlos und es ist Nacht. Vermutlich hast du tausende von Sternen gesehen."

„Nein, Vater, nicht einfach einen Stern, einen neuen Stern. Er hat einen Schweif!"

Nun erhoben sich die Heiligen Vier Könige und folgten dem Jungen die Treppe nach oben. Es war kühl auf der Plattform. In der ganzen Burg brannten kaum Lichter, und man hatte einen ungehinderten Blick auf den prachtvollen Nachthimmel.

„Schau, da ist er!"

Tatsächlich. Dort stand ein gleißender neuer Schweifstern.

„Was mag das zu bedeuten haben?", fragte Caspar. Der Dunkelhäutige fror. Er war die Kälte immer noch nicht gewohnt, denn seine Familie stammte aus dem Süden.

„Es ist ein böses Omen", vermutete Balthasar.

„Ja, es ist ein Zeichen", stimmte Melchior bei, „aber kein ungünstiges. Sieh doch hin. Der neue Stern steht direkt unter dem Sternbild der Corona Borealis, der Himmelskrone. Ein neuer König hat das Licht der Welt erblickt!"

„Du hast weise gesprochen", pflichtete Isaac bei, „und mehr noch. Der Schweifstern zeigt in Richtung des Herakles, dem Menschen, der zu einem Gott wurde. Ein mächtiger Gottkönig ist heute geboren worden."

„Wir müssen hin, um ihm zu huldigen!", flüsterte Caspar. Seine drei Freunde blickten ihn erstaunt an, dann nickte einer nach dem anderen. Ja, kein Zweifel. Sie mussten hin. Sie mussten ihm huldigen!

Die nächsten Stunden waren erfüllt von Betriebsamkeit. Nun brannten alle Fackeln und Kerzen, die die Burg auf Lager hatte. Das Gesinde bepackte Pferde und Kamele. Diener und achtundzwanzig Soldaten bereiteten sich für die Reise vor, verabschiedeten sich von ihren Lieben. Noch vor Mitternacht zog eine lange Karawane los. Der neue Stern gab ihnen die Richtung an. Sie zogen dorthin, wo er am Himmel prangte.

Natürlich hatte ein Gestirn als Wegweiser einen gehörigen Nachteil: Man sah es nur nachts, und deshalb bewegte sich die Karawane ausschließlich in der Dunkelheit weiter, tagsüber schlug man Zelte auf, die mit dicken Teppichen verhangen waren, und schlief. Drei Stunden vor Sonnenuntergang versammelten sich die Heiligen Vier Könige stets, aßen zusammen, besprachen Organisatorisches und rätselten, was für ein neugeborener Herrscher das sein werde. Sie kamen am Ende zu dem Schluss, dass es sich um einen neuen König der Juden handeln werde, da die Bücher ihn seit Langem ankündigten. Das hieß nicht, dass es sich tatsächlich um den Sohn des derzeitigen Machthabers handeln musste, denn es war bekannt, dass der HERR oft eine eigenwillige Wahl traf.

„Und was habt ihr als Geschenk für ihn?", wollte Caspar von den anderen wissen, nachdem sie fast eine Woche unterwegs waren. Eigentlich brannte ihm diese Frage seit der ersten Nacht auf dem Herzen, denn er hätte es peinlich gefunden, wenn alle dasselbe mitbrachten wie er.

„Ich habe Weihrauch", antwortete Melchior, „schließlich handelt es sich um ein göttliches Kind. Und du?"

„Ja, das ist eine exzellente Idee, Melchior. Ich habe Gold dabei. Ich finde, das ist ein königliches Geschenk. Und was hast du Balthasar?"

„Na ja, ich habe bei dieser ganzen Sache kein gutes Gefühl, und jedenfalls muss sich auch ein Gottkönig bewusst werden, dass er nicht unsterblich ist. Ich habe deshalb Myrrhe mitgebracht."

Die drei anderen schauten sich innerlich stöhnend an, sagten aber nichts. Isaac sprach:

„Ich werde ihm ein Buch schenken. Darin ist alles Wissen der Welt zusammengeschrieben. Es ist für einen König wichtig, dass er in der Wissenschaft bewandert ist. Sie zeigt ihm, wie die Natur funktioniert."

Seine drei Freunde nickten. Die Wissenschaften waren Isaacs Steckenpferd. Caspar war erleichtert, dass jeder von ihnen auf einen anderen Gedanken gekommen war. Er hatte außerdem seit ein paar Tagen bemerkt, dass Isaac abwesend wirkte, als sei er mit irgendetwas unzufrieden oder denke angestrengt nach.

„Ist alles in Ordnung mit dir, Isaac?", fragte er deshalb. Der winkte ab. Ja, es sei alles bestens.

Aber im Laufe der nächsten Nächte wurde Isaac immer stiller. Caspar beobachtete sogar, dass er während des Reitens mithilfe einer Öllampe in einem seiner Bücher las und sich Notizen machte. Beim gemeinsamen abendlichen Essen vor dem Aufbruch saß er meist abseits und zeichnete komplizierte dünne Linien in den Sand. Schließlich, zehn

Tage nachdem sie aufgebrochen waren, rief er sie am späten Nachmittag zusammen.

„Ich muss euch eine wichtige Entdeckung mitteilen", begann er. „Wir sind nicht auf dem richtigen Weg."

Die anderen drei schauten ihn entsetzt an. Sie folgten doch jede Nacht dem Stern. Wie konnte das falsch sein?

„Das heißt, vielleicht sind wir nur nicht auf dem besten Weg. Ich habe das Gestirn beobachtet, wie ihr ja auch. Und wir sehen, dass es nicht an einem festen Ort am Himmel steht. Es bewegt sich. Schon ist es am Herakles vorbeigezogen. Das bedeutet, es beschreibt einen Bogen und deshalb ziehen wir ebenso entlang eines Bogens. Das ist unnötig. Wir könnten abkürzen. Wir können einfach nach innen abbiegen und geradeaus gehen. Und wenn wir wissen, wie lange wir weiterziehen müssen, können wir am Schnittpunkt unseres Weges und des Bogens an das Ziel gelangen."

„Aber wissen wir denn, wie lange wir weitermüssen?", fragte Melchior.

„Natürlich", entgegnete Isaac, „vierzig Tage. Wichtiges dauert immer vierzig Tage oder Jahre. Die Sintflut währte vierzig Tage, Moses war vierzig Tage auf dem Sinai, die Israeliten wanderten vierzig Jahre durch die Wüste. Wir werden vierzig Tage, nachdem wir aufgebrochen sind, an unser Ziel gelangen."

Er entrollte eine Karte, in die er einen Kreisbogen und eine gerade Linie eingetragen hatte. Dann zeigte er auf einen Punkt nahe der Grenze zu Ägypten.

„Hier müssen wir hin! Das sagt die Wissenschaft. Geht ihr mit mir?"

Die anderen drei schauten sich besorgt an.

„Du bist ein kluger und weiser Mann", entgegnete Caspar, „aber ich weiß nicht recht."

„Ja, ich bin da auch ziemlich pessimistisch", meinte Balthasar, „und was, wenn es nicht stimmt? Dann verlaufen wir uns und kommen nie an."

„Dieser Stern ist ein Zeichen des Himmels. Ich würde lieber auf Gott vertrauen", pflichtete Melchior bei.

Isaac versuchte noch einige Zeit, seine Freunde umzustimmen, doch es gelang ihm nicht. Aus ihm unverständlichen Gründen verschlossen sie sich seinen wissenschaftlichen Argumenten. Als die drei weiterzogen, blieb er mit seinem Gefolge zurück. Er wollte die Nacht über ruhen und ab nun tagsüber reisen, weil dies schneller und sicherer sei.

Caspar, Melchior und Balthasar trafen zwei Tage später auf Maria, Josef und Jesus. Sie blieben eine Woche bei der Familie und kehrten dann auf Umwegen nach Hause zurück. Kurz vor Frühlingsbeginn kam auch Isaac mit seinem Gefolge wieder in die Burg. Er sah geknickt aus, und erst beim Abendessen war er bereit, zu erzählen.

„Jede Theorie wird dadurch wissenschaftlich, dass sie falsifizierbar ist. Ich befürchte, ich habe in den letzten Monaten meine eigene Theorie falsifiziert." Er schaute seine Freunde beschämt an. „Und ihr habt mir gezeigt, wo der Fehler lag. Die Zahl vierzig ist sicherlich wichtig, aber die zwölf symbolisiert die Vollkommenheit, Vollständigkeit und Einheit. Das hätte ich bedenken müssen."

„Und was hast du getan?", fragte Caspar.

„Als ich an meinem Ziel war, habe ich Späher in alle Richtungen ausgeschickt, um nach dem Kind zu suchen. Aber es gab weit und breit niemanden. Da war nur Wüste."

„Und dann bist du umgekehrt?"

„Ja und nein. Ich bin auf dem Kreisbogen zurückgegangen, den der Stern vorgezeichnet hat."

„Also warst du auch in Betlehem?", Melchior staunte.

„Nein, war ich nicht, denn nach einigen Tagen kam mir ein Mann mit Frau und Kind entgegen. Sie waren auf der Flucht und wollten nach Ägypten. Und weil die Frau lesen konnte und das Kind eine besondere Ausstrahlung hatte, habe ich dieser Familie mein Buch geschenkt, damit ein weiser Mensch aus dem Kleinen wird. Dann bin ich auf dem kürzesten Weg hierher zurückgekommen."

„Ein alter Mann mit einer Frau, einem Säugling und einem Esel?", rief Balthasar erstaunt aus.

„Ja, woher weißt du das mit dem Esel?", fragte Isaac.

DIE WÄRME IM
SCHNEESTURM

Der Engel aber sagte zu ihnen: Fürchtet euch nicht!
(Lukas 2,10)

„Wirst du mit der Kleinen zurechtkommen?" Corinna hatte zwar schon Mantel und Schuhe an, doch es fiel ihr stets schwer, sich von ihrer zweijährigen Tochter zu trennen.

„Natürlich, da wo der Kopf ist, ist oben." Ihre Mutter klopfte ihr auf die Schultern und schob sie in Richtung Haustür. Was sollte schon passieren?

„Wenn was ist, ruf an. Ich habe mein Handy hier." Die junge Frau klatschte sich auf den Po. Das Gerät steckte wie gewohnt dort in der Hosentasche. Dann drehte sie sich um und verließ das Haus.

„Komm nicht zu spät heim. Es wird bald dunkel", rief ihr die Mutter hinterher, wie sie es Jahrzehnte lang getan hatte.

Maximilian, Corinnas Mann, nahm dieses Wochenende an einer Schulung teil, und weil sie nicht allein daheimbleiben wollte, war sie zu ihren Eltern nach Bayern gefahren.

Jetzt freute sie sich darauf, wie früher durch den nahen, wohlvertrauten Wald zu streifen und ihren Gedanken nachzuhängen. Es war kalt. Zögernd fielen ein paar dicke weiße Flocken aus einem fahlen Himmel. Das verbreitete eine weihnachtliche Stimmung, so wie das Wohnzimmer ihrer Eltern, wo der Christbaum noch stand. Sie ließen ihn bis zum 2. Februar, Maria Lichtmess, wie es früher Brauch war. In der Stadt wurden die Bäume ja leider bereits kurz nach Heilige Drei Könige abgeholt.

Corinna überquerte eine vielbefahrene Straße, und schon hatte sie den Grüntaler Forst erreicht. Der Feldweg war tief verschneit, man erahnte eine Traktorspur, aber hier war lange niemand mehr gegangen. Warum auch? Im Dorf ihrer Eltern gab es keinen Fremdenverkehr, denn fünfzig Kilometer weiter im Süden begannen die Alpen. Corinna genoss die Ruhe. Natürlich liebte sie ihr Kind, doch eine Zweijährige konnte ganz schön anstrengend sein. Sie benötigte jeden Augenblick Aufmerksamkeit.

Es fing an, stärker zu schneien. Sie setzte ihre Kapuze auf und freute sich über die Kälte der Flocken im Gesicht. Der Schnee verlieh der Luft einen klaren, kühlen Duft. Corinna kannte die Wege, doch so vertraut, wie sie erwartet hatte, waren sie ihr nicht mehr. Die Bäume waren in den vergangenen zehn Jahren gewachsen. Oder war ihr letzter Spaziergang hier sogar länger her? An einer Gabelung hatte man eine weite Fläche gerodet. Ein Weg, der nach links abbog, schien ihr neu zu sein, vermutlich hatte man ihn extra für die Forstarbeiten angelegt. Hätte sie hier schon abbiegen müssen? Nein, kaum.

Etwas später nahm Corinna aus den Augenwinkeln eine Bewegung wahr. Erst erschrak sie. Doch als sie nach rechts blickte, standen auf einer Lichtung in etwa zweihundert Metern Entfernung zwei Rehe, die sie starr anblickten. Unwillkürlich flüsterte sie: „Schau mal!" Aber es war ja gar niemand da, der hätte schauen können. Sie liebte die gemeinsamen Unternehmungen mit Maximilian auch deshalb, weil sie sich ständig gegenseitig auf Bemerkenswertes hinwiesen. Die Kleine hätte sich über die Rehe gefreut. Vielleicht hätte sie ihre Tochter doch mitnehmen sollen. Andererseits waren auch Oma und Opa gern allein mit dem Kind zusammen.

Nun musste bald der Weg nach rechts abzweigen, der sie im bekannten Bogen wieder zurück zur Siedlung führen würde. Es schneite jetzt heftig, dazu peitschte ihr der Wind die Flocken ins Gesicht. Das war alles andere als idyllisch. Aber sobald sie auf dem Rückweg war, würde sie den Sturm im Rücken haben. Gleich da vorne musste der Weg weggehen. Doch zuerst kam sie durch einen Hohlweg, der tief in einen Hügel eingeschnitten war. Hatte es den früher schon gegeben? Oder hätte sie bereits vorher abbiegen müssen? Hatte sie die Stelle verpasst, weil zu viel Schnee lag? Wenig später folgte eine neue abgeholzte Fläche. Der Wind war hier noch ungestümer. Sie beeilte sich, sie hinter sich zu lassen. Wenigstens hatte sie warme Kleidung und Schuhe an. Für ihre Tochter wäre dieses Wetter nichts gewesen – mit ihr hätte sie auch früher umkehren müssen.

Corinna eilte gedankenlos voran. Irgendwann drehte sie sich um und bemerkte, dass der Schneefall und die

Verwehungen so stark waren, dass man ihre Spuren bereits nach zweihundert Metern kaum noch erkennen konnte. Das kleine sture Tier in ihr sagte: Nun geh schon weiter! Du wirst dich von ein bisschen Schnee nicht von deinen Plänen abringen lassen. Aber sie trug jetzt auch Verantwortung, war erwachsen und kehrte deshalb um. Auf diesem Weg würde es vielleicht ein wenig länger dauern, doch er führte mit Sicherheit zurück zu ihrer Tochter und ihren Eltern.

Der Richtungswechsel allein ließ sie aufatmen, denn der Wind kam tatsächlich von hinten, er schob sie an. Die Flocken eilten nun als treue Begleiter mit ihr in dieselbe Richtung. Ihre Spur war wirklich bald nicht mehr zu erkennen, selbst der Weg zeichnete sich kaum noch ab. Nach einiger Zeit kam sie an eine Weggabelung. Und das verstörte sie vollends. Wieso gabelte sich hier der Weg? Diese Gabelung war ihr vorher nicht aufgefallen. Und hätte sie nicht längst wieder an der Rodungsfläche oder sogar am markanten Hohlweg sein müssen? Es kam ihr zwar lächerlich vor, doch sie war ja nicht Hänsel und Gretel, die Steinchen und Brotkrumen streuen mussten, um nach Hause zu finden. Corinna zog ihre Handschuhe aus und nahm ihr Smartphone. Wenn ihr Instinkt versagte, Google Maps würde sie heimbringen. Ihre Finger waren kalt, das Gerät reagierte nicht auf den Fingerabdrucksensor, aber mit PIN ließ es sich entsperren. Sie startete die App, und es erschien der blaue Punkt mit ihrer Position, doch keine Wege. Sie vergrößerte den Ausschnitt und tippte ein wenig herum, da tauchte die Meldung auf: Google Maps ist offline. Und tatsächlich, das Dreieck in der Statuszeile war leer, das Gerät nutzlos. Sie hatte kein Netz! Dass es das in Deutschland noch gab! Bei ihren Eltern funktionierte das Ding.

Corinna steckte ihr Handy in die Hosentasche zurück. Sie schaute sich kurz um, und plötzlich begann sie zu zittern. Sie hatte sich verlaufen und keine Idee, wie sie zurückfinden sollte. Welcher der beiden Wege war der richtige? Panik ergriff sie! Es war egal, nur weiter. Zehn Minuten später hätte sie nicht sagen können, ob sie links oder rechts abgebogen war. Befand sie sich eigentlich noch auf einem Weg? Der Schnee wehte wieder in ihr Gesicht. Hatte sich der Wind gedreht? Doch die Flocken waren nun größer. Der Sturm hatte nachgelassen und stahl ihr damit die letzte Orientierungshilfe. Maximilian würde sie auslachen, wenn sie ihm erzählte, dass sie sich zu Hause verlaufen hatte. Aber würde sie es ihrem Mann überhaupt noch erzählen können? Was, wenn sie nicht mehr rechtzeitig herausfand? Sobald es vollständig Nacht geworden war, hätte sie keine Möglichkeit weiterzukommen. Die Chancen, dass sie erfror, standen nicht schlecht. Großer Gott! Das durfte nicht wahr sein. Nach einer Zeit, die ihr unendlich lang vorkam, kam sie wieder zu einer Lichtung. Doch von Licht konnte kaum noch die Rede sein. Die Sonne war inzwischen untergegangen. Die letzte halbe oder viertel Stunde der Dämmerung brach an. Es schneite nun nicht mehr.

Corinna war außer Atem. Sie legte die Hände vor das Gesicht und versuchte, Kraft zu schöpfen. Als sie die Hände wieder fallen ließ, glitzerte der Schnee auf der freien Fläche. Der Sturm war nur noch ein Rauschen in den Bäumen und unvermittelt spürte sie eine vertraute Wärme in sich, das Gefühl: Du bist nicht allein! Es war mehr als die Schönheit der dämmrigen Winterlandschaft, die grundlos ihren Schrecken verlor, sondern eine Anwesenheit, die sie zuletzt als Kind wahrgenommen hatte und über die sie nie mit jemanden gesprochen hatte. Liebe, in die sie eingebettet war und die sie selbst schenkte. Sie fühlte sich geborgen in etwas ganz Großem.

Dieses Gefühl dauerte nur Sekunden lang, da schreckte ein Geräusch sie auf, zwei Rehe, die bei ihrem Anblick von der freien Fläche flohen. Auf der anderen Seite dieser Lichtung, das erkannte Corinna jetzt, war sie vorher vorbeigekommen, als sie die Tiere zum ersten Mal gesehen hatte. Sie stapfte querfeldein durch den tiefen Schnee und kam wieder auf einen Weg. Auf ihm war sie zu Beginn ihrer Wanderung gegangen. Wenn sie genau hinschaute, entdeckte sie sogar hier und dort ihre eigenen Spuren. Nun war klar, welcher Richtung sie folgen musste. Es gab keinen Grund mehr, sich zu sorgen.

DER OBDACHLOSE RETTER

Die Hungernden beschenkt er mit seinen Gaben und lässt die Reichen leer ausgehen. (Lukas 1,53)

Ich sitze öfter mit meinem Pappbecher in der Passage beim Juwelier Traumschmiede. Die Fenster des Ladens gegenüber sind seit Monaten mit Pappe verklebt – pleite! Kann passieren. Dass wir uns nicht falsch verstehen, ich bin kein Obdachloser, sondern habe eine Wohnung: ein Zimmer mit einer zusammengewürfelten Küche. Wenn ich es mir leisten kann, dusche ich dank eines Durchlauferhitzers im Bad manchmal warm. Mit Harz IV ist das natürlich nicht oft drin und im Sommer ohnehin unnötig. Mir geht es also eigentlich hervorragend, trotzdem freue ich mich, wenn jemand was in meinen Becher wirft, davon kann ich mir ab und zu etwas Luxus genehmigen. Ich esse gerne Döner, ungesund, aber was soll's?

Der Platz vor dem Goldschmied ist zwar schnee- und regengeschützt, doch an sich nicht profitabel. Die betuchten Leute, die dort einkaufen, sind mit sich beschäftigt und zahlen mit Kreditkarte. So jemanden wie mich übersehen die. Ich hocke in der Vorweihnachtszeit trotzdem gern hier auf meiner grauen Decke. Der Grund mag Ihnen ulkig erscheinen: Der Juwelier hat sein Schaufenster so originell geschmückt. Der Klunker hängt nicht an edlen Ständern aus Glas oder Metall, nein, im Fenster ist eine Weihnachtskrippe aufgebaut, aus alten, dreißig Zentimeter hohen, geschnitzten Holzfiguren. Und der ganze Schmuck wird von diesen Figuren präsentiert. Sogar die Schafe tragen Ohrringe – na ja, die Ohrringe sind mitsamt der passenden Kette über den Rücken der Tiere drapiert. Die Heiligen Drei Könige sind besonders üppig geschmückt, zwei Hirten schleppen eine lange Stange zwischen sich auf den Schultern und darauf sind Eheringe aufgereiht. Nur Maria, Josef und das Christkind bleiben von Schmuck verschont – also ich find das großartig.

Apropos Eheringe: Da war vor drei Tagen was Lustiges. Da blieben zwei Männer vor dem Fenster stehen. Der eine sagte:

„Schau mal, Ringe."

Der andere: „Willst du heiraten? Du hast doch gar keine Freundin."

Da küsste ihn der erste auf die Wange und dann gingen die beiden weiter – schon komisch, oder? Na ja, vielleicht bin ich altmodisch. Meist kommen ohnehin mehr die Paare mittleren Alters. Mann mit Frau eben. Sie bleibt stehen, sagt:

„Schau mal, die Krippe."

Er antwortet: „Aha, hm."

Darauf sie: „Ist diese Kette über dem Kamel nicht hübsch? So richtig was Besonderes."

Dann er: „Ja, Liebling. Sehr besonders."

Und in der Regel nimmt er sie danach an der Hand und zieht sie weiter. Manchmal gehen beide auch rein und kommen lächelnd wieder raus. Mich übersehen sie trotzdem, das habe ich ja schon erwähnt.

Samstags tauchen immer diese Studentinnen von der Hochschulgemeinde auf. Die gehen zu den Obdachlosen – also auch zu mir, ich sag denen ja nicht, dass ich eine Wohnung habe – und bringen Kaffee und ein belegtes Brötchen zum Frühstück vorbei, vollkommen kostenlos. Ich mache mir sonst meinen Aldi-Kaffee selbst, aber an diesem Tag nie, weil da bekomme ich ja welchen.

Ich bin deshalb noch vor acht gut versorgt beim Juwelier gesessen. Da kam der Geschäftsinhaber und sperrte auf. Er schaute mich an, wie ich da so Kaffee schlürfend und kauend dasaß und ich befürchtete bereits, er würde mich vertreiben, doch er wünschte nur einen „Guten Morgen". Und fünf Minuten später verließ er wieder das Geschäft. Ich dachte schon, er hätte was vergessen, aber nein, er kam auf mich zu und warf zwei Zehneuroscheine in meinen Sammelbecher, einfach so. Der Tag begann wirklich gut. Ich bin natürlich erst recht da sitzen geblieben.

Das war eine richtige Entscheidung, denn es ging erfreulich weiter. Nee, nicht wegen dem Geld. Ich hatte doch schon gesagt, dass der Platz schlecht ist. Es blieben heute viele vor dem Fenster stehen, und nicht wenige zog es in das Geschäft. Sicher hatte der Juwelier mit seiner guten Tat dem lieben Gott eine Freude gemacht, und der revanchierte sich jetzt. Jedenfalls kamen dann die beiden heranspaziert, beide eher jünger. Sie ein bisschen zu aufgetakelt, er eine Kleinigkeit zu geschniegelt, aber jedem das Seine. Sie unablässig so: „Ach schau mal, da! Und die Kette dort! Und der Ring! Und hast du die Ohrringe gesehen?" Und so weiter und so weiter. Der Geschniegelte zog sie nicht fort, im Gegenteil, er klebte an ihren Lippen und bestärkte sie. Ja, und die Kette, die war sowas von toll und würde hervorragend zu dem Kleid passen, das – ach, was weiß ich. Jedenfalls stürmten die beiden ganz vergnügt in die Traumschmiede, kamen indes zehn Minuten später alles andere als vergnügt wieder heraus. Sie kochte! Sie versuchte, die Tür des Ladens zuzuwerfen, doch das ging nicht wegen dem automatischen Schließmechanismus. Sie wollte davonstapfen, ohne sich nach ihm umzudrehen, aber der Geschniegelte packte sie fest am Arm und bremste sie.

„Ach komm, Jenny, schau doch nochmal, vielleicht findest du was anderes."

Sie schüttelte seinen Arm ab, um sich loszumachen, und fauchte:

„Glaubst du, ich geh da erneut rein, um mich zu blamieren? Nie und nimmer!"

„Was heißt denn blamieren?"

„Ja, blamieren! Du hattest zu wenig Geld dabei und die PIN deiner neuen Kreditkarte nicht gewusst!"

„Ich hatte zehn Euro zu wenig, zehn Euro." Der Mann hob die Hände, als sei das nun wirklich nichts Dramatisches.

„Ja, die Kette hätte 490 Euro gekostet, und du hattest zehn Euro zu wenig. Wir fahren hundert Kilometer in die Stadt, und du hast nicht genug Geld dabei. Wie peinlich!"

„Ach komm, Jenny. Schau doch noch mal. Ich will nicht, dass du wieder bis zum Heiligen Abend sauer bist."

„Nein, lass!", fauchte sie zurück, drehte sich aber um und sah nochmal ins Fenster.

Ich konnte das nicht mehr mit anschauen, stand auf und stellte mich dicht neben den Geschniegelten. Er erschrak, als er einen Obdachlosen so nahe bei sich wahrnahm, rückte aber nicht von mir ab.

„Darf ich Sie auf etwas hinweisen?", fragte ich.

„Was denn?"

Seine Frau warf mir einen verachtenden Blick von der Seite zu und schaute dann wieder in die Auslage.

„Das Besondere an diesem Fenster ist nicht der Schmuck", sagte ich, „schauen Sie sich mal das Jesuskind an. Sehen Sie, wie fein und freundlich es lächelt?"

Die zwei warfen sich einen kurzen Blick zu, dann nickte die Frau und bemerkte:

„Ja, das ist echt süß."

Währenddessen drückte ich dem Mann heimlich einen meiner beiden Zehneuroscheine in die Hand. Schließlich sagte ich: „Ein frohes Weihnachtsfest noch!", und zog mich wieder auf meine Decke an der anderen Seite der Passage zurück.

Der Geschniegelte schaute verstohlen in seine Hand und starrte mich kurz mit weit aufgerissenen Augen an, schwieg aber wohlweislich.

„Nee, da ist sonst nichts Hübsches", murrte seine Frau und wollte weitergehen, doch ihr Partner bremste sie.

„Hey, Jenny, schau, was ich in meiner Hosentasche gefunden habe. Die zehn Euro habe ich gestern nach dem Bäcker eingesteckt."

Diese Jenny wusste zuerst offensichtlich nicht, wie sie reagieren sollte. Weiter mit Ablehnung oder mit Begeisterung, weil sie doch noch bekam, was sie wollte? Der Geschniegelte nutzte den Moment der Unentschlossenheit geschickt aus. Er riss die Tür zum Juwelier auf und sauste hinein, sodass sie ihm folgen musste.

Als die beiden wieder herauskamen, leuchtete ihr geschminktes Gesicht. Und er lächelte mich dankbar an. Dieses Lächeln war fast so unbezahlbar wie das des Jesuskindes in der Krippe – aber nur fast.

DIE GASTFREUNDSCHAFT
DES OCHSEN

Der Ochse kennt seinen Besitzer und der Esel die Krippe seines Herrn. (Jesaja 1,3)

Im orangeroten Licht der untergehenden Sonne stampfte der Ochse hitzig auf und stieß mehrmals mit seinen geschwungenen Hörnern gegen den Mittelpfosten des Stalls. Er hätte den Esel angreifen können, den dieser Fremde an seine Krippe gebunden hatte, aber letztlich war er dafür zu gutherzig. Kurz zuvor hatte der Knecht seine Krippe mit köstlich nach Wiesenblumen duftendem Heu gefüllt, Futter, das für ihn gedacht war, nachdem er den ganzen Tag schwer geschuftet hatte. Und nun fraß es dieser Graukopf, der kaum ein Iah Hebräisch herausbekam. Was hatte der schon geleistet, ein paar Feldlängen diese runde Frau getragen, na und? Es war immer das Gleiche mit diesen Fremden. Sie kamen und ließen sich durchfüttern, ohne zu arbeiten. Sollten sie doch bleiben, wo sie herkamen. Bethlehem war ohnehin voll wie ein überladener Heuwagen. In

Galiläa konnte dieser Esel seinetwegen sein Kauderwelsch krakeelen, wie er wollte.

„Friss mir nicht alles weg", muhte der Ochse schließlich den ungebetenen Gast an.

„Sei nicht so übel gelaunt und friss lieber mit mir gemeinsam. Es wird Nachschub geben."

Nachschub! Ja, das glaubte er! Natürlich wird der Knecht wieder etwas von dem Vorrat herübertragen, auf dem jetzt der alte Mann und die Frau lagen, aber heute nicht mehr, frühestens morgen und vielleicht erst am Abend. Der Ochse kannte seinen Herrn. Andererseits hatte der Esel recht. Es war besser, wenn er sich beeilte und zugriff, bevor alles weg war. Verdauen konnte er ja später.

„Und mach nicht so einen Krawall. Du siehst ja, meiner Herrin geht es nicht gut."

Oh, ja, auch das war richtig. Die Menschen schliefen gar nicht, im Gegenteil. Die runde Frau jammerte und stöhnte. Vermutlich kalbte sie. Der Ochse hatte das bei einer befreundeten Kuh miterlebt. Na, das konnte dauern. Viel schneller schafften es die beiden Tiere, die Krippe leer zu fressen. Danach zog sich der Ochse einige Schritte zurück und begann halb schlafend wiederzukäuen. Er wachte ein paar Stunden später von einem Schrei auf. Der kam allerdings nicht von der Frau, sondern von einem Kind, das sie im Arm hielt. So ein winziges Menschlein hatte der Ochse noch nie gesehen. Er fragte sich, wie lange es wohl dauern würde, bis es aufstehen und herumlaufen konnte, um von Feinden davonzurennen. Seine Gedanken wurden durch ein leises „Iah. Schau mal!" unterbrochen. Der Esel stand an der Krippe. Die war wieder voll, und er fraß bereits. Vielleicht doch ein ganz netter Kerl. Er hätte sich auch alles allein einverleiben können. Der Ochse ließ sich nicht lange bitten, und im Nu hatten sie das gesamte Heu vertilgt. Da kam der Vater mit dem Kind. Die Eltern hatten es milchfarben eingepackt. Der Alte legte es in die Krippe. Moment mal! Der Ochse stutzte, da war ja erneut Heu drin. Hatte der Mann es unbemerkt nachgefüllt? Leider durften die Tiere nun nicht mehr fressen. Sie wurden in den hinteren Bereich vertrieben. Sei's drum. Es war ja wirklich Schlafenszeit, sowohl für die drei Zweibeiner, als auch die beiden Vierbeiner.

Das dachte zumindest der Ochse. Doch kaum hatten sie die Augen geschlossen, da ertönten seltsame Geräusche im Stall. Als er aufblickte, war alles in weiches Licht getaucht, das kam nicht von draußen. Die Quelle waren leuchtende Wesen, die um die Menschen herumflogen und dabei wunderbare Töne von sich gaben. Der Ochse kannte das von den Hirten. Ihre Stimme klang meist laut und gebieterisch, doch manchmal, wenn sie unter einem Baum saßen, ganz leicht und weich. Jetzt war es genauso, nur viel anmutiger. Die Frau, deren Bauch nun nicht mehr rund war, nahm das Baby zu sich, und die leuchtenden Wesen schwirrten um sie herum und erzeugten immer weiter diese Geräusche. Das Kind schaute sie mit großen Augen an.

Der Ochse und der Esel warfen sich einen Blick zu, dann trabten sie ein paar Schritte nach vorne und machten sich über das Heu her. In kürzester Zeit war die Krippe leer. Der Ochse hatte gar nicht gemerkt, dass er so hungrig war. Oder hatte der Esel den Großteil verspeist? Bei diesen Fremden wusste man ja nie, wenngleich speziell dieser Fremde ja gar nicht so unsympathisch war. Die Geräusche der leuchtenden Wesen ertönten allmählich leiser. Das Neugeborene war eingeschlafen. Die Mutter stand auf und kam wieder zur Krippe. Bescheiden, wie er war, trat der Ochse einen Schritt weg, obwohl ihn die Frau nicht vertrieb, selbst der Esel kehrte in den hinteren Bereich des Stalls zurück. Aber Moment mal! Als das Kind in die Krippe gelegt wurde, lag da erneut jede Menge Heu. Vermutlich hatte er geträumt, dass er gefressen hatte. Dem Ochsen fielen die Augen zu, einerseits, weil er – im Gegensatz zu dem Esel – den ganzen Tag hart gearbeitet hatte, andererseits, weil die Töne dieser leuchtenden Wesen so angenehm schläfrig machten.

Keine Ahnung, wie lange er geschlafen hatte, da wurde er wieder geweckt. Es war dunkel, aber jemand pochte heftig an die Stalltür. Durch das Holz hörte man aufgeregte Stimmen. Der alte Mann erhob sich von seinem Lager und öffnete. Herein kam eine Schar Hirten, die eine Laterne dabei hatten. Sie schwatzten durcheinander, wiesen nach draußen und blickten sich um. Die junge Frau stand auf und holte ihr Kind aus der Krippe. Die Viehhüter stellten sich um sie herum auf und redeten alle gleichzeitig. Konnten diese Menschen da überhaupt etwas verstehen?

Ochs und Esel schauten sich ein weiteres Mal an. Dann stapften sie erneut zur Krippe und taten sich am Heu gütlich, diesmal nicht mehr sonderlich hastig, denn eigentlich war der Ochse satt, aber man wusste ja nie, wann man wieder zum Fressen kam. Die Hirten hatten allerlei mitgebracht, was sie den beiden Eltern gaben: einen Krug mit Milch, zwei Brote, eine Decke und sogar ein Schafsfell. Ein Junge spielte auf einer Trommel Taramtatamtam. So ein Krach! Ein Wunder, dass das Neugeborene nicht zu blöken begann. Es guckte nur mit großen Augen auf die Besucher. Nach einiger Zeit kamen die Frau und der Mann wieder an die Krippe. Der Alte legte das Fell auf das Heu – war das abermals mehr geworden? – und die Mutter bettete ihr Kind darauf. Die Hirten knieten sich davor auf den Boden.

Niemand vertrieb diesmal den Ochsen und den Esel. Der Ochse schaute den kleinen Menschen lange an. Er hatte den Eindruck, es gehe ein Leuchten von ihm aus, das nur für ihn bestimmt war, oder vielleicht auch für den netten Esel. Ja, dieses Kind war außergewöhnlich.

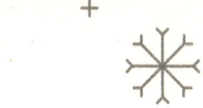

DANKSAGUNG

„Ich glaube, ich finde heuer keine Bücher mit Geschichten zum Advent, weder im Buchladen noch im Internet", beklagte ich mich vor drei Jahren bei meiner Frau Margarita. „Aber letztes Jahr gab es doch ziemlich viele", widersprach sie. „Ja, nur sind die alle für Familien mit jüngeren Kindern, oder wir kennen sie schon. Vielleicht sollte ich selber welche schreiben." Margarita war begeistert: „Ja, mach das!"

Danke dafür, dass Du an mich glaubst und mich motivierst, geliebte Frau an meiner Seite!

So schnell ging das allerdings nicht. Im ersten Advent schaffte ich nur sechs Geschichten. Der Rest entstand dann im Laufe des nächsten Jahres. Inspiration schenkten mir bei einigen davon die interessanten Menschen, die zum Obdachlosenfrühstück der Mainzer Pfarrer-Landvogt-Hilfe kommen. Auch ihnen danke ich. Da heutzutage ja „alles möglich ist", ließ ich daraus ein paar Bücher drucken und verteilte sie an Testleser, von denen ich erfuhr, ob die Intentionen angekommen sind. Danke an Ruth Kraus, Konstantin Mauer, Sophie Hoffmann und die Mitglieder der Mainzer Autorengruppe. Die fruchtbarsten Diskussionen hatte ich aber sicherlich mit meiner Frau Margarita Kraus und meinen großartigen, überaus kritischen Töchtern Margarita und Helena. Tausend Dank Euch! Schön, dass es Euch gibt!

Copyright © 2023 by adeo Verlag
in der SCM Verlagsgruppe GmbH,
Dillerberg 1, 35614 Asslar

1. Auflage 2023
Bestell-Nr. 835381
ISBN 978-3-86334-381-1

Umschlaggestaltung: Andreas Sonnhüter · grafikbuero-sonnhueter.de
Umschlagmotiv: Vectorfair / Shutterstock
Lektorat: Dorothea Gösele
Satz: Immanuel Grapentin
Druck und Verarbeitung: GGP Media GmbH, Pößneck
Printed in Germany

www.adeo-verlag.de